心理療法において
何が癒やすのか？

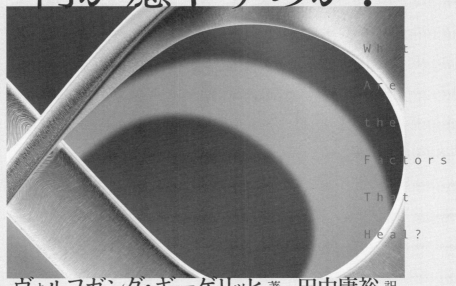

What Are the Factors That Heal?

ヴォルフガング・ギーゲリッヒ 著　田中康裕 訳

創元社

What Are The Factors That Heal?
by Wolfgang Giegerich
Copyright © 2020 Wolfgang Giegerich
Japanese translation rights arranged directly with the author.

本書の日本語版翻訳権は、株式会社創元社がこれを保有する。
本書の一部あるいは全部についていかなる形においても
出版社の許可なくこれを使用・転載することを禁止する。

目次

文献と略語　5
序文　7
まえがき　9

第1章　導入的なコメント　15

第2章　癒やしについての二種類の考え方　21
　　　　　——医学と心理療法

第3章　主たる癒やしの要因：治療者の人格　35

第4章　自身を解放することのもつ癒やしの効果　51

1. 他者に自身を委ねることとしての自身の解放：あるいは、治療的な要因としての治療の統語論における治療者というポジション　51
2. 「魂の」自己運動に自身を解放すること：あるいは、「魂」への内在化　67

　治療のセッティングと転移についての追記　79

　イメージのプロセスと近代的意識の否定性へと自身を解放することについての追記　87

3. 自らの病を自らの主観性から客観的普遍性へと解放すること　92
4. 自身を自身へと、すなわち、自らの存在や本性へと解放すること　100

5. 自̇身̇を自らの病理へと、そして自身の概念を概̇念̇なるものへと解放
すること　116

第5章　意識への働きかけを通した治療的な効果　135

　　1. 自身を解放することへの「抵抗」に働きかけること　136

　　2. イメージ、夢に取り組むこと　138

　　3.「啓蒙」としての治療的な取り組み(隠された幻想を暴き、焼灼すること
　　　等)　139

第6章　新しさを通した、そして動きそれ自体を通した治療的な効果　161

第7章　限界　171

人名索引　179
事項索引　180
訳者あとがき　183

【凡例】
・原文のイタリック体による強調は傍点で示す。
・原文のボールド体による強調は太字で示す。

文献と略語

頻回に引用される文献は、以下のような略語を用いて示されている。

CW: Jung, C. G., *Collected Works*. 20 vols. Ed. Herbert Read, Michael Fordham, Gerhard Adler, and William McGuire. Trans. R. F. C. Hull. Princeton (Princeton University Press) 1957-1979. 巻数、および、注記が特になければ、パラグラフ数により引用。

GW: Jung, C. G., *Gesammelte Werke*, 20 vols., various editors, Olten and Freiburg im Breisgau (Walter-Verlag) 1971-1983. 巻数、および、注記が特になければ、パラグラフ数により引用。

Letters: Jung, C. G., *Letters*. 2 vols. Ed. Gerhard Adler. Bollingen Series XCV: 2. Princeton (Princeton University Press) 1975.

MDR: Jung, C. G., *Memories, Dreams, Reflections*. Rev. ed., Ed. Aniela Jaffé. Trans. Richard and Clara Winston. New York (Vintage Books) 1989. 頁数により引用。

Erinn.: Erinnerungen, Träume, Gedanken von C. G. Jung, ed. by Aniela Jaffé, Zürich and Stuttgart (Rascher) 1967.

CEP: Giegerich, W., *Collected English Papers*, 6 vols. New Orleans, LA (Spring Journal Books) 2005-2013, now London and New York (Routledge), 2020.

筆者改訳：引用の終わりにこの記載がある場合、ユングによる元のドイツ語文書における言い回しや精神に少しでも近づけるため、筆者によって英文の全集からの引用が改訳されている。

序文

　筆者はこれまであらゆる著作において、心理学的な主題についての理論的な省察に専心してきた。それは、ユング派の伝統における、そして、心理学のルート・メタファーである「魂」へのコミットメントによる、心理学それ自体の内的な論理に関する問いかけであり、心理学の厳密な概念の探求であり、神話素やおとぎ話から現代のテクノロジーの諸側面にまで至る個々の魂の現象に関する心理学的な研究であった。筆者の論文や著書のなかで実際の心理療法にかかわる問題に対してコメントすることはこれまでにもあったが、心理療法の実践が中心的なトピックになることは一度もなかったし、事例報告の類いは一度も出版したことがない。このような「回避」は、患者との実際の治療的な取り組みに興味がなかったことがその理由ではない（結局のところ、筆者は40年もの間、日々この仕事に従事してきた）。それは一方では、心理学的な著述の真の目的は精神の訓練であると考え、他方では、面接室という狭い檻のなかに心理学的な精神を閉じ込めることになるので、事例や心理療法の実践に焦点を当てるのは、心理学的には望まれる効果をもたらさないと考えていたからだ。しかし、C・G・ユングが指摘したように、「診察室のなかで姿を現すのは、こころの、とりわけ、無意識の最もわずかな部分」[*1]である。だからこそ、「従来［分析心理学を］医師の診察室に縛り付けていた足かせを吹き飛ばすこと」[*2]が必要なのだ。治療者として、われわれは確かに面接室に入ることが必要だが、それは面接室マインドをもってなされることではな

---

*1　*Letters 2*, p.307, to Nelson 17 June 1956.
*2　*CW* 16 § 174 筆者改訳。

い。われわれは、人類の文化の歴史全体における魂の顕現という無限に広大な地の内側から、自身の見地と方向性を獲得する必要がある。

　しかし、本書では、今述べたようなこれまでには別れを告げ、はっきりと心理療法の実践に向き合おうと思う。このことが意味するのは、「心理療法において何が癒やすのか？」について述べられる本書において、臨床を実践する者が困難な事例や個々の治療的状況に向き合う際に何が最も有用であるのかについて助言を与える、ある種のマニュアルに読者が出会えるということではない。テクニカルで臨床的なアプローチというよりはむしろ、筆者自身の心理学的アプローチを保持しながら、本書においても、いくつもの癒やしの要因についての理論的省察を提供することになるだろう。それは他でもない魂の生命という領域における「癒やし」が実際には何を意味するのか、すなわち、内側から見られた時、それら治癒の要因において何が癒やしの効果をもつのか、それらの要因はいかにして、そしてなぜ癒やしの効果をもたらすのか、に関するより深い心理学的理解へと到達しようとする試みである。言うまでもなく、本書は、癒やしの要因となりうるものを全領域において包摂することを目指すものではない。むしろ、筆者は、自身にとって最も重要であり、治療的な状況の多数にとって妥当と思える、癒やしの主要な諸側面に注意を傾けることになるだろう。

＊＊＊

　本書のいくつかの部分は、いくつものより短い、そしてより早期のバージョンとして、2000年から2004年にかけてドイツ語と英語で、筆者のネレスハイム・セミナー、東京の山王教育研究所、チューリッヒとミュンヘンのユング研究所、フィラッハ（オーストリア）のパラケルスス・アカデミーにおいて発表された。これらの発表のうち最後に言及されたもののテキストは、「何が癒やすのか？」(in: *Heilkräfte. 7. Symposium der Paracelsus Akademie Villach*, Villach (KI-Esoterik Verlag) 2005, pp.33-62) として出版されている。

まえがき

　何が本当に癒やすのかという問いは、実際には問われるべきではない。それは禁じられた問いである。このことは、ケルンの「ハインツェルメンヒェン（*Heinzelmännchen*）」（ブラウニー、あるいは妖精）の伝説とよく似ている。この伝説では、就寝中なのでその場面を見た者はいなかったが、「小人たち」が毎夜現れて、翌日の仕事を人々のために済ませてしまう。つまり、肉屋もパン屋も仕立屋も主婦も目を覚ました時には、その日の彼らの仕事はすべて終わっているというわけなのだが、この「小人たち」の姿を一目でも見ようとしてはならない。彼らを一目見ようとした、詮索好きの市長の奥さんがある日、何とかだまし討ちで彼らの姿を目にすることはできたが、それ以来、彼らは二度と姿を見せなくなる。ケルンでも、肉屋もパン屋も仕立屋も主婦も、毎日の仕事を一人でこなさなければならないのは、こんなことがあったせいだというお話である。

　何が治癒をもたらすのかというのは一つの神秘であり、それは神秘として尊重され扱われねばならない。その神秘に過度に近づこうとするべきではない。C・G・ユングは、こころがもつ自らを癒やそうとする傾向について述べた。魂は自己関係であり、自己生成であり、自己表現である。このことは、治癒の座と言われるものや癒やしを司る器官が、われわれの実践的な行為だけでなく、われわれの意識や理解が接近可能なものからは、根本的に隔たっていることを意味している。魂は外側から変えられないということは、魂の概念に内在している。そして、魂が自らをつくり出している以上、魂の特定の状態は、原因[*3]に従属するもの、あるいは、その結果ではありえない。われわれは、治癒に影響を及ぼすことはできない。心理療法は非直接的に進めなければならないのだ。

筆者が言わんとするところの回避性（avertedness）と非直接性（indirectness）を描き出す一つのイメージがある。「非直接性」は、魂のもつ神秘と無限性への接近が事実として不可能であることと、それらに対するわれわれの正当な敬意のゆえに必要とされる。そのイメージとは、ギリシアの「死者の教団」に関するもので、死者や冥界の神々に酒を供え物としてもち込む際、人々は顔を背けてそれを行わなければならなかった。そこでは、全く捧げ物が供されなかったわけでも、直接的に捧げ物が供されたわけでもなかったのだ。

＊＊＊

　ユング派は、治癒の神秘を保持することを望み、かつ、治癒をもたらすような、取り扱いやすい経験的要因を正確に示すことは望みはしないが、そうであるがゆえに、元型の概念にひどく性急に頼ることがままある。例えば「心理療法において何が効くのか？」という論文で、アドルフ・グッゲンビュール-クレイグ（Adolf Guggenbühl-Craig）は、この問いに対する役に立ちそうにない考えうるいくつかの答えを検討して見せることでまず、自分自身がこういう袋小路にいるということを示した。そして次に、亡きハインリッヒ・フィールツ（チューリッヒのある病院の医長）がかつて「心理療法においては、治癒は因果律の、すなわち、因果関係の問題ではなく、布置の問題である。……われわれは癒やしていないし、われわれは苦しみを和らげてもいない。われわれがせいぜいできるのは、癒やしと苦しみの緩和を布置するくらいのことである」と述べていたことを回顧している。結局のところ、（最良のケースにおいては）布置を行うのもまたわれわれであるということを除いてはおそらく、これは優れたアセスメントだろう（しかし、われわれは、精緻な非自我的定式化にこだわ

＊3　実際に起こるのは、魂が創造的に外在する条件や機会を利用して自らを創造し変容させてゆくことである。しかし、このことは、一つの因果関係に従属するのとは全く異なる。

る必要はない)。ハインリッヒ・フィールツ (Heinrich Fierz) のこの考えから始めて、グッゲンビュールは、布置の概念を、布置されるべきものとしてのヒーラーの元型に関する考えと結びつける。そうして少し後に、彼は以下のように述べている。「治癒の、すなわち、治癒の元型や癒やしや苦しみの緩和といった元型が患者に布置されうる、あるいは布置されるべきものであると私は考えている。……治癒の元型、それはついでながら言えば、病の元型でもあるのが常なのだが、癒やしをもたらすものなのだ」[*4]。

　筆者はこの言説の基本的な傾向や、グッゲンビュールが後に彼の論文のなかで、このような癒やしの元型の布置に関連して提示する具体的な考えのいくつかを受け入れるが、同時に、このようなかかわりのなかで元型を頼みとすることが逆効果であるようにも思ってもいる。元型がわれわれによって布置されうるのか (あるいは、「されるべきもの」とさえ言えるのか)、あるいは、その逆なのか、すなわち、元型は自律的で自発的に顕現するものであるということが、まさにその元型という概念に内在されているのか、全くそんなことはないのか、という問いは置いておくにしても[*5]、この文脈において癒やしの元型を導入することは、空虚な二重化ではないだろうか。「われわれが癒やしの元型を布置する」という一文には、「われわれが癒やしのプロセスを布置する」という一文と同じ情報が含まれている。もしわれわれが苦しみを癒やすヒーラーの元型を布置することができるのであれば、それは、グッゲンビュールの明示的な言説に反して、癒やしをもたらすのはわれわれである、ということになる。純粋に仮説的なものである元型を経由した回り道は余計であろう。ここでは、オッカムの剃刀を用いる必要がある (単純なもので完全に十分であれば、さらに別の説明原理を導入すべきではない)。われわれの説明において、

[*4] Adolf Guggenbühl-Craig, "Was wirkt in der Psychotherapie?", in: *Gorgo 28*, 1995, pp.21-36, here pp.25 and 26f. 筆者訳。

[*5] ユングは「私は元型を探したことは一度もないし、探そうと試みたこともない」(*Letters 2*, p.160, to Cappon, 15 March 1954) と記している。

実際の現象はそれ自体を明確に示している水準、あるいは、示していた水準に留まらねばならないのだ。

　人間ではない、あるいは超人間的なヒーラーの元型に癒やしの仕事を割り振ることによって、それが実際に起こった時、癒やしに関するわれわれの思考の非直接性と治癒それ自体の神秘的な性質を強力に担保できることは事実である。そして、そのような空虚な二重化は、本当には害がないと考えようとしさえするかもしれない。しかし、空虚な二重化には害がある。それは、真の神秘であるものを一つの神秘化へと膨張させ、そのことで逆説的に、「現実に力をもった神秘」の感覚を軽んじ壊してしまうからだ。ヒーラー元型によって、神秘は実体化され人格化される。意識は今や、少なくとも論理的には常に既知で既定であり、たとえ経験的には不可視であっても、事態の背後にいる黒幕とかかわりをもっているという感覚をもつ。この文脈においてヒーラー元型を導入することに関して、道理に適った可能性があるとすれば、以下の二つしかない。一つ目は、特定の神やヌミノース性の現前として、例えばアスクレピオスやカイロンといった元型の顕現[*6]を実際に体験することである。それはただ単に、癒やしが実際に起こったという経験的な事実の体験というわけではない。それが言及するのは、そんなことが起こるのは、事態の背後にある、その元型、あるいはある元型の仕業に違いないと、われわれが言うしかないような事実である。もう一つの可能性は、「ヒーラー元型」や「アスクレピオス」等への言及がただ単に詩的なものの場合である。ギリシアやローマの神々や神話に登場する人物が何世紀にもわたって西洋の詩の伝統のなかで用いられてきたように、それは比喩的で高尚な物言いとして、「経験的にリアルな治癒という出来事」以外の何ものでもないもののメタファーとして、単に詩的に用いられているにすぎない、ということである。

[*6]　このようなことが、現代の世界において実際に起こりうるかどうかは疑わしい。

＊＊＊

　いかなる形であろうとヒーラー元型に頼むこととは反対に、癒やすのは「魂」であると言うならば、われわれはまさにその神秘とともにいることになる。なぜなら、「魂」は、われわれの心理学においては実体化されないし、実在物や造物主でもない。それは単に、そのような実際の、すなわち、現象学的に接近可能な心理学的な生命それ自体の深さのもつ絶対的否定性のための神話化された名前にすぎないからだ。

　心理療法にできると望みうることのすべては、魂の自己治癒にとって障壁となるものを取り除き、接近不能な魂が「自己制御」という意味で活性化することにつながりうる精神の態度や「環境」を、接近可能な意識の側に準備することである。ハインリッヒ・フィールツの「布置」という言葉は、これ以上のことを示唆するものではないのかもしれない。

　このように議論してきてわかったのは、一つの治癒という触知しえない神秘とその当然の帰結としての治療的なアプローチのもつ非直接性と根本的な回避性についての主張が一方にあり、そして、われわれが実際の現象に直接的に留まることについての主張が他方にあり、それらは相伴わねばならない、ということである。それらは排他し合うかのように見えるが、これから見てゆくように、そうではないのだ。

第1章
導入的なコメント

　心理療法は、患者の苦痛を癒やしたり、緩和したりすることに焦点を当てるべきではない。実際に治癒をもたらすのは何なのかという神秘は、維持され尊重される必要があって、われわれは、実際の治癒を治療的な努力の副作用にすぎないと見なさねばならない。

　とは言え、「何が癒やすのか？」という問いに対して、このような否定形の答えで抽象的に満足していては意味がないだろう。心理療法の日常的な実践に関して言えば、筆者の冒頭でのコメントのなかで描き出された一般的な態度を維持しつつも、実用的なレベルで議論しうる具体的な側面が多く存在する。非常に概括的に言えば、癒やしの要因に関しては、いくつかの区別がなされる必要がある。第一の区別は、以下の二つの問いの間にある。

1. 癒やしはどのように、何を通してもたらされるのか。この問いは、その過程や治療的な態度について問うものである。
2. 癒やしをもたらす健康的なものがこころには存在するのか。もしそうなら、それは何なのか。これは、実体や内容に関する問いである。

　ユングはかつて、何が癒やすのかという問いを明確に取り上げて、それを描き出すことを試み、それは「われわれの心理学の試み」であり、その「目的と結果」であるという言葉で表現した。そして、彼は「あえて、われわれの発見の総体を、告白、解明、教育、変容の四段階という観点から考えることを

試みた」(CW 16 § 122) のだという。ここで筆者は、彼自身が述べているように、「これらのいくぶん奇妙な用語」によって、彼が言わんとしたことが正確にはどんなことだったのかについて立ち入るつもりはないし、彼の提示の仕方や概念化に倣うつもりもない。しかし、少なくとも、何が癒やすのかに関する自分自身の考えについて述べる前に、癒やしには何が治療的に不可欠であると、様々な心理療法家たちは考えていたのかについて、彼らの多くの異なる考えを集めて、以下にリストにして挙げておこうと思う。

- フロイトからは、「想起、反復、徹底操作」の三つのステップに関する概念が挙げられる。また、抵抗や転移の分析も挙げられるだろう。
- アドラーにとって、癒やしをもたらすのは、技法というよりも、喚起される内容、すなわち、連帯感 (Gemeinschaftsgefühl)、共同体意識であった。
- ユングがかつて名づけたように、「現実との衝突」を通して、神経症は癒やされるという考えがある。これは、カフカの『判決』という短編にも見られる。例えば、ある登場人物が別の登場人物に「自分の他にも世界があることを思い知ったか。これまでお前は自分のことしか知らなかった」と言う場面である。
- そして、癒やすのは自己 (Self) であるというユングの考えがある。また、自己制御システムとしての魂に関連する考えもある。ここで言及しうるものとしては、彼の「超越機能」についての考えも挙げられるだろう。
- しかし結局のところ、ユングは、癒やしをもたらすのは象徴であり、元型的イメージであると信じていた。「私の仕事の主たる関心は、神経症の治療に寄せられているわけではなく、むしろ、聖なるものへ接近することです。しかし、実のところ、聖なるものへの接近が真の治療であるということであり、聖なる体験に到達する限りにおいて、あなたは病理という呪いから解放されるということなのです」(Letters 1, p.377, to Martin, 20 August 1945)。
- 古代の儀礼、神話、おとぎ話の研究者であるハイノ・ゲールツはかつて私信のなかで、われわれ治療者は、魔術的に (魔術を通して)、すなわち、大な

り小なりシャーマニズムの精神において癒やすべきあると述べた。ユング が報告しているいくつかの事例はこのカテゴリーに分類されるだろう。例 えば、1週間で治癒した若いユダヤ人女性の事例がそうである（*MDR* pp.138- 140）。また、癒やしの要因としての共時性についてもまたここでは触れて おかねばならない。ユング派の治療者のなかには、精神病的な危機にある 患者が座る椅子にマンダラを置いておくのを好む者もいるが、これは魔術 的な手続きだろう。多くのユング派に見られる別の魔術的な実践として は、中国の易という占法を用いることも挙げられる。

■最後に、ヒルマンのエピストロフィ（*epistrophé*）、すなわち、病のなかに神を 見出すという考えに加えて、魂づくり（soul-making）が治療の目標であるとい う考えも挙げておきたい。

　もちろん、リストに挙げられる概念はもっと多くある。しかし、ここで言 及されたことは、治療の概念化がいかに多種多様でありうるか、また、ど のような観点からそれにアプローチしうるのかということを印象づけるのに十 分だろう。これらの考えについて、これ以上説明したり、コメントしたりす るつもりはない。むしろ筆者は筆者なりの方法で、そして筆者の経験に基づ いて、治療がどのように効くのかについての多様で、かつそれぞれが実に異 なる可能性を全体として描き出す、というプロジェクトに着手したい。ユン グは自らの提示の方法において、段階という考え方を用いた。言い換えれば、 彼は一つの発展的な全体のなかで考えていたのであり、そこでは、最高の段 階というのは、以前の段階をすでに通過していることが前提となっている （それが進行中であれ、それに先立つことであれ）。反対に、筆者が描き出そうと意図 しているのは、治療的な方法や効果の個別の可能性である。そのうちのいく つかは、他のものが互いに排他し合う一方で、互いに両立できるし、互いに 補い合えることさえある。

　第二の区別は、これらの方法と癒やしの効果との違いのもととなるもの で、以下の主たる三つの要因にかかわっている。

(1) 患者に特有な心理学的状況、彼らの人格と、彼らの病や心理学的問題の性質。
(2) 治療者の気質、タイプ、習慣的な態度、一口に言えば、人格。
(3) 治療者が受けた何らかの心理療法の学派における訓練とその学派への加入、そして、その結果として形作られる基本的な理論的オリエンテーション、さらに、より実践的には、それと一致する彼らの面接室の調度。

　すべての患者が同じタイプの治療から恩恵を受けられないことは明らかである。また、ある臨床的状況に対応するために理論的に可能な方法のすべてを、個々の治療者が使えるわけではないことも明らかである。非常に単純なことだが、このようなことは、その治療者の個性によって起こる。それぞれの治療者には限界がある。そして、自身の意識的、あるいは無意識的な理論的仮定に基づく形で、治療者の反応は特定のものに限定されてしまう可能性があって、それゆえ、他の反応はその治療者には起こることがない。われわれすべてが受けるのは単なる訓練だけでなく、その内側で心理学的な現象がその時から認識されるであろう精神的な地平線を提供するような洗脳の一種である。「生物学の根本」に基づき「有機体の行動」としてのこころという概念から出発するか、例えば、神秘的で形而上学的な深みをもつ「魂」という考えをもっているかいないかでは、当然のことだが、大きな違いがある。また、当たり前のことだが、自分の面接室に、例えば、カウチがなければ、古典的なフロイト派のセッティングで治療を実践することは明らかにできないだろうし、そこに箱庭がなければ、箱庭療法を実践することは明らかに不可能である。

　何が癒やすのかについての筆者の見解を示すに当たっては、以下の三つの根本的に異なる癒やしの様相とそれに対応する治療状況をまず区別しておく必要がある。

1. **「手放すこと」** と **「自身を解放すること」** による癒やし（第4章）。ここでは、

患者個人（あるいは、治療者個人）に焦点が当てられる。
2. 「**意識への働きかけ**」、患者への働きかけによる癒やし（第5章）。このような働きかけは、対象（病）、すなわち、コンプレックス、「神経症の内容」（ユング）、障害のもつ内的な論理、構造、そしてメカニズムにかかわるものである。
3. 「**新しさ**」と「**動きそれ自体**」による癒やし（第6章）。この章では、心理学的理論や治療法の形式に関心が向けられる。

　これらは、態度の変化、方法論的な取り組み、あるいは、ある方法のもつ条件を指している。他方、治療という「目録」において変動しない永続的な部分を構成する別の癒やしの要因もある。言うならば、それは**治療者の人格**である。それは最も重要な要因なので、上に挙げたものについて論じる前に論じられる（第3章）。

　最後に、われわれは、心理学的障害を癒やす試みである**心理療法に設定された限界**についてもよく検討しなければならないだろう（第7章）。

　さらに、筆者は、先ほど述べた最初の三つの治療の様相のいずれかにも適用しうる二つの区別をする必要がある。

　つまり、癒やしのプロセスの進展には、次の二つの異なるレベルが存在するということである。

a）意味論的、あるいは内容のレベル。
b）統語論的、あるいは関係のレベル。

　そして、治療は、以下の通り、根本的に二つの異なる目的を目指すことが可能である。

a）全体的な目標が、患者が**成熟した大人になること**、十全に発達した「私」、あるいは「主体性」に到達することである治療。

b）ヒルマンが言う**魂づくり**（soul-making）、もしくは、ユングに特異的な意味での**個性化の過程**（魂づくりと同じものではないが、同じく単に「私」を発展させることとは異なる）のいずれかが全体的な目標となる治療。

　ユング自身は、「告白」「解明」「教育」、そして「変容」という自身の用語を「いくぶん奇妙な」と考えていた。同じように筆者は、自らの区別が決して自明でないことはわかっている。その言わんとするところは、それらを詳細に記述する過程で明らかにする必要がある。この時点では、「自身を解放すること」による癒やしと「患者に働きかけること」による癒やしとは、ほぼ完全に対立する治療のリアリティーであることに言及しておくだけで十分だろう。しかしながら、それらはそれぞれに本質的であり、どちらがいつ、あるいはどこでは適切なのか、そうでないのかを知る必要があるだけである。二つの異なる目的、すなわち、一方での自らの主体性の発達と、他方での魂づくりや個性化についても、ほぼ同じことが言えるだろう。

　それぞれ異なる「癒やす要因」自体に立ち戻る前に、第2章においてはまず、癒やしというトピックに対する適切な心理学的アプローチとはいかなるものなのかについて考え、そして明らかにする必要があるだろう。それは具象主義的に面接室におけるわれわれの治療的な介入や手続きを直接的に癒やしの効果をもつものとするのではなく、癒やしの神秘を尊重する試みなのだ。

第2章
癒やしについての二種類の考え方
医学と心理療法

　本章で筆者が論じたいことには、間接的にアプローチする必要がある。筆者が導入する概念的な区別に根拠を与えるため、まずは、癒やしにも医学や心理療法にも直接は関係のない例から始めよう。

　30年近く前、筆者はある神学アカデミーの講義で、人間の文化の発現、動物から人間への移行、そして魂と呼ばれるものの起源にとっての生け贄の屠殺という古代的な制度がもつ役割と機能について発表したことがある。ちなみに、ヴァルター・ブルケルト[*7]とルネ・ジラール[*8]の理論から始めて、自らの生け贄についての理論を述べ、筆者はそこで、自身が自然主義的で実証主義的な過誤と見なすものについて批判した。そのような過誤において試みられていたのは、人間の文化ばかりでなく、ホモ・サピエンスの完全な人間化を、厳密に言えば人間的なものではない生物学に根差した経験的な根拠（例えば、暴力行為といった要因や行為）から説明しようとすることであった。筆者の発表に対する討論のなかである人は、筆者がしていることが、異なる点はあるものの、他の要因に依拠して人間的でないものから人間の文化を導き出そうとする試みと変わらないと思ったと述べた。

---

*7 　Walter Burkert, *Homo necans. Interpretationen altgriechischer Opferriten und Mythen*, Berlin, New York (de Gruyter) 1972.

*8 　René Girard, *La violence et le sacré*, Paris (Bernard Grasset) 1972.

筆者もまた「人間でないもの」から「人間」への移行について説明しようとしていたことには違いないが、この意見を述べた人が見落としていたのは、このような「移行」には二種類の定義があり、それらには根本的な違いがあるということである。
　一方は、筆者がジラールと同様、ブルケルトにも見出した種類のものである。そこでは、一つの異なった、すなわち、以前には存在しなかったカテゴリーのもの（ここで言えば、文化や真に人間的なもの）を表すという意味で、全く新しいものが、決定的にそのカテゴリーには属さないものに由来しうるということが信じられている。「生物学から人間の精神と人間の文化が誕生する」という理論が最終的に達成しているのはいわば、真の人間性——精神世界それ自体、文化の全領域——という高次のカテゴリーを生物学という低次のカテゴリーに引き下げるということ、すなわち、言うまでもなく、より高い水準の生成に実際に到達し、それを説明したと信じているにもかかわらず、この理論は常に低い水準に留まり、カテゴリーの差異を完全に排除するということである。
　対照的に、筆者が提示した理論は、派生の仕方として他の種類に属する。それは最初から始まるのであり、最終的に達成されねばならないものの存在を前提とするものである。そして、そうであるにもかかわらず、それは魂の、人間の文化の、そして人間性全般の最初の生成についての説明であり、「使えない」から「使える」への説明的な運動である。この明らかな矛盾は、出発点である「ない」や不在をゼロ、すなわち、完全な非存在として考えるのではなく、「素因」として、すなわち、「確定されていないもの」として考える時に解消される。つまり、カテゴリー的に新しいものの誕生を導き出したり説明したりする知的なプロセスは、新しいカテゴリーというすでにより高次の水準にある出発点から論理的に始まるものなのであり、この水準において、このカテゴリーの内側で起こるプロセスを物語っているにすぎない。より下位のカテゴリー、この場合は、生物学という自然主義的・実証主義的な水準はすでに後にされている。この説明の類型が描くのは、「暗示的」から「明示

的」への、「即自性 (*ansichseiend*)」から「対自性 (*fürsichseiend*)」への発展であり、すなわち、ドングリの実からオークの大木への発展のような自己展開なのである。

　それゆえ、この例を結論づけるため、血の生け贄の講義のなかで、筆者は「魂が自らを殺害し生成すること」について語った。議論の始まりは、その最初の生成が描かれるべきまさに魂であった。魂は自分自身をつくり生み出した。魂それ自体は、論理的に言えば、魂を経験的に生み出す主体、あるいは行為者である。時間的なプロセスのなかで、実際的な人間性を初めてもたらし達成したのは、すでに人間であった動物——排他的に生物学的な存在であるという動物の水準を原理的にすでに超越した動物——であった。それは、潜在的である (*in potentia*) にすぎなかったものの自己実現であり、観察可能で経験的な階梯のなかで、観察可能な出来事を通して生起する自己実現である。

　前者の類型の理論は一方で、カテゴリーの裂け目を大胆に越えてより高次のカテゴリーへと飛躍し、他方で、その飛躍によって裂け目の存在を否定し、それによってより高次のカテゴリーをより低次のカテゴリーへと絶対的に引き下げている。意味論的にはそれは自らに対してより高次のものを要求しているが、論理的にはそれを排除しているのだ。もちろん、二つ目の類型の理論には別の問題があって、それはいわば、同語反復的 (tautological) である、と言うより、それは自意的 (tautegorical) である。その説明はより上位のカテゴリーのレベルにおいては十分に成立するが、そもそものところ、そのようなものとしてのより上位のカテゴリーがどのようにして生成したのかを示すことは全くできない。後者の類型は、そのような上位のカテゴリーを前提としていなければならない。しかし、それによってささやかな課題実行が可能となる。すなわち、明示的な魂を生成する観察可能な出来事において生起している論理的運動を現象学的に記述することである。

　カテゴリー的により上位のものの生成について説明する試みのなかで、同じような差異を描き出すもう一つの例は言語である。ここでは、「癒やし」をどのように考えるかというトピックに移行するに際して、二つの具体例を頭

に入れておくため、(簡単にだけ)その概要を説明しよう。

　ある一群の言語の起源に関する理論において、言語は、特定の動物が危険であることを警告したり、(蜂のように)食物の在処やそこまでの距離について伝達し、仲間を引きつけようとしたりする場合に見られるような、信号の使用の拡大にすぎないと考えられている。そこでは、そのようなコミュニケーションさえも(疑いもなく原始的な)言語と見なされる。しかし、それは言語とは何の関係もない。今述べたように、それは単なる信号の使用であり、言葉や共有される意味の使用でも、その点でとりわけ、文章でもない。信号(音、ジェスチャーなど)は、単に特定の行動上での反応を解き放つ。信号と起こりうる反応は双方とも生物学的に規定されており、本能的、そして自動的なものである[*9]。それとは対照的に、言葉は、人を精神の領域に導き入れ、観念や概念を伝えるものであり、それ自体としては特定の反応を誘発する機能を有していない(そのために用いることもできるが)。言葉はそれ自体としては、単に精神的に了解され理解されるものである。言語はその根本において概念的であり、学理(*theoria*)である。この種の言語の起源に関する他のより複雑な理論には、他者(仲間)への共感、いわゆる「集団的な意図性」(注意や意図を共有する能力)など、動物には見られない、特に人間的な能力が含まれており、そこでは、それに基づいて人間の言語の起源を説明することが試みられている(例えば、マイケル・トマセロ[*10])。ここでは、始まりには、とりわけ人間的であるものがすでにあるわけだが、それでも、われわれは同じ問題を抱えることになる。

[*9]　猿は、個々のいわゆる記号(すなわち、単なる記号という意味での象徴)と(再度、いわゆる)意味との結びつきを学習することはできるが、文章を形成することはできない。真の「共有された意味」(例えば、「愛」「神」「時間」「法」「世界」「罪」)というのは、それ自体が複雑であり、それ自体が思考の性質をもち、そのようなものとして暗示的に(即自的に)文章の性質をもつものであって、物や出来事の性質をもつものではない。

[*10]　Michael Tomasello, *Becoming human: A theory of ontogeny*, Cambridge, MA (Harvard University Press) 2019.

この「共感性」や「集団的な意図性」の起源それ自体は、生物学主義的に、進化の観点から説明される。つまり、それらは、自然な、そして使用に基づく結果として、すなわち、初期の人類が食物を獲得するために共同努力への依存度を高めた結果として説明されるのだ。人間の言語の起源としての社会語用論によって、「共有」にたどり着くまではできるのだが、言語がどのようにして意味や観念、概念を共有しうるのかを説明することはできない。このような第一の類型の言語理論のより複雑なバージョンは、生物学的なものという明らかにより低次の実証主義的な領域の内側に未だ封じ込められてもいる。

　言語の起源を説明するもう一つの類型は、言語は人間の固有の能力であり、その能力は、人間の脳の構造に基礎があり、文化の進化の媒体であることが経験的に証明されているという考え方から出発する（例えば、アンゲラ・フリーデリッチ*11）。主たるポイントは、言語には階層的なパターンを形成する能力が必要であり、それによって人間は、一次的な要素と二次的な重要性をもつ要素を区別することができ、文章の他の部分によって互いに分断されている文章の部分を接続することができる、ということである。実際の文章は、これら階層的な構造を線形的な媒体に、すなわち、音と言葉の単純な継時的な順序に翻訳したものである。人間は生まれながらにして、双方の課題を達成できるような脳の構造をもっている。すなわち、人間はそれを先験的にもっているのだ。

　われわれは、幼児（infant）（その語源は、ラテン語の「話さない」に由来する）である赤ん坊が、現実にはどうのようにしてゆっくりと言語の使用を身につけていくのか、つまり、「話さない」から「話す」への移行がどのようにして起こるのかを経験的に観察し記述することができる。けれども、そのような観察は常

---

*11　Angela Friderici, *Language in our brain. The origins of a uniquely human capacity*, Cambridge, Massachusetts and London, England (The MIT Press) 2017.

に事後的に生起する。われわれは、幼児が最初の語音を形成するまで、最初の小さな文章が構成されるまで、常に待たねばならない。そして、一般的な人間の潜在能力としての言語は、話す能力の実際の発現に常に先行する。それは、事実として存在する「前提条件」である。赤ん坊は、間違いなく話せないのだが、即自的（暗示的）にはすでに話せるのだ。

　「不在」から「実現された在」への移行を背景モデルとした、このような二つの対極的な捉え方の実例を念頭に置くことで、本章の主題である「癒やし」についての二つの考え方に目を向けることが可能になる。癒やしとは、（部分的）「健康の不在」から「健康」への移行だからだ。

　まず現代の医学から始めよう。現代の医学は、自然主義的、実証主義的なアプローチであり、経験的で自然な手段を用いて、より低次の、よりありうる*12 カテゴリー（病、障害、機能不全）から、より高次の理想的なカテゴリー（健康）への移行をもたらそうとするものである。今日においては、「エビデンスに基づいた医療」と「疾病管理ガイドライン」の遵守が、医学的な治療の標準となっている。そこでの医療の論理とは、あれやこれやの障害が発症した際には、唯一（または、個々の状況に応じて、これらいくつかのうちから一つ）処方されるべき最先端の処置を適用しなければならない、というものである。それはレシピやプログラムの類の考え方である。あれやこれやの料理を作るにはこれをしなければならない。つまり、病気から健康をつくり出すにはこれをしなければならないというわけだ。医学は基本的には実用主義的であり、概括的に言えば技術的である。われわれの文脈で重要なのは、医学の精神は、病気から、不在から、すなわち、より下位のカテゴリーから出発し、健康を生み出そうと努力しているということだろう。これはボトムアップのアプローチである。医学の精神はここでは上方を仰ぎ見、希望を抱き、志をもっている。

＊12　有機的な秩序と組織化の欠如は、理論的に言えば、生物の複雑で完全な機能よりもありうるものであり、より基本的なものということになる。

そして、ある程度、それは有望であり、部分的には予見的でさえある。健康は、完全に人間の手に委ねられた技術的手段によって、健康の欠如から生産されることになる。

　以下のように言う人もいるだろう。しかし、他に何ができるのだろうか。これが唯一合理的で、しかもそれ以上のもの、すなわち、必要不可欠なアプローチではないだろうか。そこに選択の余地などないだろう、と。

　しかしながら、心理学は、もし自身を魂ある心理学として理解するとすれば、「何が癒やすのか？」という問いに関して、全く異なる方向に進むことになるだろう。一つの理由は、以下において、この問いに何らかの答えを出そうとする際、筆者は後ろから、すなわち、癒やしという事実の後の状況から見ることになり、後ろに留まることになる、ということである。筆者は、癒やしが実際に起こる時、その時に何が治癒に関与したのか、あるいは、何が治癒に貢献したのかを理解すること、そして素描することだけを試みる。心理学的な障害を攻撃するための方略を発展させ、治癒を強いることを可能とするために、後ろに留まるという関係を逆転させようともしないし、自身の眼前の心理学的な障害を狂気として受け止めようともしない[*13]。奏功する癒やしのプロジェクトのための手段を獲得することへの実用主義的で技術的な関心は、心理学においては、完全に後にされている。癒やすために、健康をもたらすために、何をするべきかには関心がない。すでにハインリッヒ・フィールツの非常に適切な言葉に耳を傾けたが、心理療法家は、ヒーラーではないし[*14]、

[*13] 医学も属する自然科学は、予知の手段を身につける試みである（いわゆる「自然法則」と呼ばれるもの）。科学的な説明は、精神分析で試みられたものでさえも、実のところ（遡及的な）予言なのだ。「過去のこの出来事があったからこそ、現在の状況が生まれざるをえなかった」。科学はこのような未来の呪縛下にある。反対に、心理学的な理解は、現在にその場所をもち、それを保持している。それは、現象のなかに何があるのか、いかにして現象をそれ自身へと、すなわち、それらの真理へと内面化するかを理解するために、諸現象を見ることなのである。

癒やしという専門職の一員というわけでは本当にない。癒やすのは「魂」それ自身である。ユングは自己制御システムとしての魂について語っている。

それゆえ、たとえ経験的には健全な魂が存在しないとしても、筆者は心理学者として、自らの内側に必要なものをすべてもつ健全な自己制御する魂という前提から、すなわち、より高次の水準から出発し、これを筆者の実際に依拠する立場とする。健康は健康からしか得られない。無から（*ex nihilo*）、つまり、健康の不在からは得られないのだ。健康は、単に適切な治療的な手段を適用することによっても、経験的な水準での適切な人間的・社会的な相互作用を実際的に利用することによっても、社会という舞台の内側においても得られない。心理学的な思考は同語反復的・循環的である。そのような思考とその同語反復的なアプローチは、より上位の水準に留まり、その内側において作動するのだ。

筆者は心理療法家として、どのようにして、そしてどのような経験的な手段と方法、あるいは技術を介して、健康が実際に生み出されるのかを目の当たりにしようとしたり、探索しようとしたり決してしない。筆者はまた、心理学的な障害を管理し、治療的な成功を収めるための最良の方法を発見する

---

*14　さらに悪いことに、ユング派の間で時折もちあがるのは、自らの傷やコンプレックスと闘っているからこそ、自分は「傷ついたヒーラー」であり、自分の苦しみや困難を患者と共有することが患者のためになる、という考えである。傷ついていること（そして、治療者であること）が一つに合わさって、「傷ついたヒーラー」なのではない。そう考えてしまうと、自分自身と元型とを混同することになるだろうし、治療的に言えば、それは、分析家の禁欲という重大な要請への違反であろう。患者と分析家の間に交歓はない！　心理療法家は、自身の人間的であまりに人間的な人間性や（自分自身の苦悩が属する）通常の自我の水準ではなく、魂の水準で患者に会うべきである。彼は職業的であり続けなければならない。もちろん、それは、白衣を着た医師が職業的であるさまではなく、魂の医師として職業的であり続けなければならない、ということである。このことは、非常に親密で深いつながりを包摂しうる。しかしそれは、人間の情緒の水準で、治療者が自らのコンプレックスへの私的な葛藤を患者と共有することとは全く別の事柄なのである。

という実際的な目的のために癒やしに寄与する要因について考察するわけでもない。疾病管理ガイドラインを策定するつもりはない。この探究の動機となる興味関心は、純粋に理論的、知的、すなわち、心理学的なものであり、魂を込めて理解し応えたいという願いなのだ。真の癒やしに貢献したすべての要因は、新しい事例において繰り返すことはできないし、意のままに適用することもできない。それらはわれわれの思うようにはならない。治癒は起こるし起こらない。心理療法家がすべきことのすべては、その場その場の〈現在〉において、自らを示している個々の心理学的な現象に寄り添うことであり、自らの鍛えられた心理学的理解と個人的反応をもって、つまりは、患者を癒やすことや、彼の心理学的な障害から寄り来る苦しみを軽減することを究極の、そして全体の目的とすることなどなく、ギリシア語で言うセラピア（therapeia）という意味において、その現象に寄り添うことなのだ。

　ギリシア語で「治療（therapy）」に当たる語がセラピアであるが、これは単に、僕（しもべ）が夕食に招かれた客に、看護師が病人に、司祭が神に仕えることを意味していた。このイメージに従えば、治療者の仕事は、医師やヒーラーのそれよりもはるかに控えめな活動であると言えるだろう。彼は僕（しもべ）である[*15]。しかし、誰の僕なのだろうか。それは、患者ではなく、人類の僕である。治療者は、客観的な魂に仕える僕（しもべ）、あるいはその擁護者なのだ。

　われわれは自身をしばしば分析家と呼ぶ。しかし、われわれの本当の姿は、化学において触媒と呼ばれるもの（添加すると、それ自体が触媒反応のなかで消費されることなく化学反応を促進する物質）で、それは、食事を提供する給仕自身が食事に参加しないのとよく似ている。一方で、治療者は、ありきたりの職人のようである。しかし他方、魂や精神といったより高次のレベルで生起し、実際的で実利主義的な利益を捨てるがゆえ、厳密な意味での心理療法や心理学は言うまでもなく、はるかに高尚でもある。魂をつくるには、まず魂から始めね

＊15　僕（しもべ）、それは現代におけるサービス提供者ではない！

第2章　癒やしについての二種類の考え方——医学と心理療法

ばならない。無からは何も生じない (*Ex nihilo nihil fit*)。自我として、市民として、そして、社会という舞台の地平、日常生活という地平、そして人間的、あまりに人間的なものの地平から出発しても、魂の水準には到達できない。実践的な謙虚さと論理的な高邁さは一つの現実の表裏なのだ。

　心理療法家のささやかな活動は、そこに存在するものに注意を払うことである。それは、手元にある客観的な事柄、すなわち、今ここに立ち現れる、この夢やファンタジー、この記憶、この刹那の状況等々に専心することである。そして、それは、大きなパズルのなかの小さなピースとしてではなく、それぞれそれら自身のために、それらに寄り添うことである。治療は、いかなる実際的な目的もプログラムももたず (*zweckfrei*)、そこに怒りや野心があってはならない (*sine ira et studio*)。心理学（心理療法）の唯一の目的は、知的にも感覚的にも、「魂」が生み出すものと表現するものを、それらの各々性 (eachness) と個別性 (individuality) において公正に扱うこと、つまり、各々が自らの内側に独自の尊厳と充足をもつものとして尊重することである。ユングの晩年の著作『結合の神秘』からの以下の引用は、治療的態度に関する格言と言えるだろう。「結局のところ、そこに属さない何ものも外側からもち込んではならない。なぜなら、ファンタジー・イメージは『必要なものをすべて』自らの内側にもっている」*16。治療者は、できる限り慎重に、自らの手元にある現象（「ひとりでに自身を客観的に示しているもの」）に注意を払うべきである。そこでは、先週のセッション、治療のより大きな流れ、患者の経歴等々、他のすべてのことがいわば忘れ去られ、そして最終的には、あらゆる自我の願望や感情さえもが忘れ去られる。今にどっぷりと浸ること、しかし、これは全身全霊をもってしかなされない。

＊16　C. G. Jung, *CW* 14 § 749. 筆者はここに、英語版の全集では省略されているが、ユングのドイツ語原文にある「自らの内側に」という重要でないとは言えない言葉を付け足した。

第2章 癒やしについての二種類の考え方──医学と心理療法

　これらすべての理由から、筆者は、心理療法の多様な方法の効果を研究し証明することに対する今日ある強い関心を破滅的なものと見なしている。これは、触れないままにしておいて初めてチャンスがあるものを、掴み押さえ込もうとする実証主義的な試みである。心理療法は、「魂」の（論理的）否定性においてなされねばならない。心理療法は、人格、すなわち、人間存在の威厳と内的な無限性を尊重しなければならない。この文脈において、ユングの一節が想起される。彼はまず「大多数の人にとって、他者の魂に自分自身を個として入れ込むことはまず不可能である」と述べている。この言葉は、個々の人間の天賦の才の違いを指摘したものだが、ここでのわれわれにとっては適切とは言えない。しかし、その後すぐ、彼は以下に引用するように続けていて、そこでは、原則として他者の他者性には接近不能であるという、より一般的で基本的な考えに基づき、極めて限られた人たちの例外的なスキルを多少なりとも割り引いている*17。

　　これは本当に稀有なアートだが、本当のことを言えば、われわれをはるか遠くに連れて行くものではない。われわれが一番よく知っていると思っている人でも、われわれが自分のことを本当によく理解していると断言している人でも、根底においては、われわれにとって彼は異人（stranger）である。彼は異なっている。われわれにできる最大・最善のことは、彼の他者性を少なくともある程度理解し、それを尊重し、それを解釈しようとする無法な愚かさを防ぐことなのだろう（CW7 § 363 筆者改訳）。

実践において、このことが意味するのは、患者が苦悩する症状に直接焦点を

＊17　トマセロの人間化に関する生物学的理論のなかで共感が果たす役割とは何と対照的なことか。

当てるべきでも、「助けてあげたい」「癒やしてあげたい」という願望に直接誘導されるべきでもなく、実際にはそのような願望を完全に差し控えるべきだ、ということである。癒やしのプロセスは、それ自体の仕組みに委ねられねばならない。同時に、それが意味するのは、個人的で特定の心理現象や状況、夢のイメージ、病理の形態に、忍耐強く注意深く自らを捧げるために、患者がまずもって望んでいるものや患者が主観的に焦点を当てているものに注意を向けねばならないという呪いに背を向けることである。そのことによって、全く異なる問題が提起され、客観的な魂の関心が探究される可能性が生まれる。われわれは、助けたい、癒やしたいという欲求に内向きに別れを告げることを学ばねばならない。なぜなら、このようにして初めて、われわれは本当の意味での心理療法家でありえるからだ。ユングによると、自らの訴えについてすべてを話し、どうしたらよいかと患者に尋ねられた時、ユングもまた、どうしたらよいかわからないと時に答えたという。「患者のなかには、おそらく私が魔法の公式を知っていると思っていた人もいたのだろうが、私はすぐさま彼らに、自分は答えを知らないことを伝えなければならなかった」(CW 11 § 514)。また別の箇所では、彼は以下のように述べている。

> 私の症例は大抵の場合、意識的な精神の資源が枯渇していた（通常の英語で言うと、それは「行き詰まっていた (stuck)」）。私が秘められた可能性を探索せざるをえないのは、主としてこの要因のためである。患者に「何か助言はありますか。どうしたらいいですか」と尋ねられた時、何と答えればいいのか、私にもわからないからだ……(CW 16 § 84)。

数パラグラフ後、ユングは、自分自身わからないことに自分がどのように反応したかを説明している。「そんな時、そのような症例においては、私はとりわけ、夢により注意を向けることになる」(ibid. § 86) と。

　これは、体系的な気づきを伴う、技術的スタンスとの訣別である。そして、この動きのなかに、そのような移行が治療的な態度の非直接性を構成するも

のであることが見て取れる。つまり、そこでの注意は、症状や切迫する問題から、すなわち、患者の中心的な関心事や彼がまずもって治療者のもとを訪れている唯一の理由から撤退し、患者の問題に直接的に関係のないものや、多くの場合、患者にはむしろ不適当と感じられるに違いないものへと向けられるのだ。

> 私は「それで、あなたはどうするのですか」とよく尋ねられた。私は何もしない。私にできることは、神を確かに信じて、忍耐と不屈の精神をもって葛藤を乗り越えた先に、私には予測できない、その特定の人のために運命づけられた解決策が現れるのを待つことだけである。しかし、その間、受け身になったり、怠惰でいたりするわけではない。私は、葛藤の最中で無意識が生み出すあらゆることを、患者が理解するのを助けるのだ（CW 12 § 37 筆者改訳）[*18]。

　心理学的には、技術的アプローチの問題点は、効果（自らが自らによって治癒をもたらすこと）に焦点を当てていることと、この焦点の背後にある原動力である意志それ自体、すなわち、治癒をもたらそうとする意志の双方である。それらは共に、自我に論理的に定住していることを、そして、ボトムアップのアプローチにコミットしていることを示しているのである。

[*18]　この文脈で想起されるユングの別の一節は、CW 11 § 35 と 36 にある。

第3章
主たる癒やしの要因：
治療者の人格

　この章では、癒やしの要因の一つを特定することに専心する。そこで試みられるのは、一方での非直接性／神秘／絶対的否定性と、他方での厳格な現象学という二重の原理が有効であるかどうかを明らかにすることである。

　ユングの言葉をいくつか引用することから始めよう。「心理療法において治療効果をもつのは、結局のところ、知識や技術ではなく、人格であるという洞察を得ている」（CW 17 § 240 ドイツ語原版を反映させるため改訳）。「彼（医師、心理療法家）がどのような種類の技法を用いるかは、ほとんど重要ではない。違いを生み出すのは、『技法』ではなく、まずもってその方法を用いる人だからだ」（CW 10 § 337 筆者改訳）。「本当にどんな人間であるのかだけが癒やしの力をもつ」（CW 7 § 258 筆者改訳、ユングは一文すべてを斜体にしている）。この文中の「である」は強調される必要がある。さらにまた、分析家の「人格が治癒の大きな要因の一つである」（CW 4 § 586）という。両親や教師のように、治療者は、彼らが何を言うかではなく、彼らがどんな人間であるかを通してその最大の効果をもつのだ。

　治療者の人格に関して重要なのは、自身の自己一致性、内なる不動性[*19]、

[*19]　「不動性」というトピックについては、以下の拙論中の「提示されている訴えに対する心理療法的なスタンス」の項を参照のこと。"Psychologie Larmoyante. Glen Slater, for Example", in: *CEP* 4, pp.503 f.

その人格の心理学的な深み・広がり・分化の三つである。最初の二つの資質は、意識高き個人であり市民である限りにおいて、治療者のもつ通常の徳である。要件の三番目で言及されているのは、より深いものであり、そこにはすでに「魂の医師」という特別な職業のための特定の才能が含まれている。それでも、このような天賦の才でさえ、むしろ平凡な水準で理解されることがある。いずれにせよ、そのような天賦の才の有無は少なくとも、治療者がその内側において心理学的現象を認識する精神の地平に反映されている。重要な差異は、心理学的なモチーフを解釈する際の参照枠が、常識なのか、日常的な現実なのか、社会なのか、人間的、あまりに人間的な欲望や恐怖なのか、あるいは、その個人の意識が、心理学的な素材について、客観的な魂から情報やインスピレーションを得ているのかどうか、という点であろう。その心理学者にとって、神話や象徴の歴史が、現代の心的現象と図式的にペアにするためにそこから材料を切り出す単なる採掘場であるのか、それとも、神話や儀式から宗教、哲学、芸術に至るまで、人間の文化の偉大なる産物のなかに示された「形而上学的」深みやメルクリウスの精神が、分析家の魂のなかで、生き生きと生産的で、本当に創造的に響き合っているのか、ということである。

　しかしながら、分析家の人格を強調することで結局のところ問題となるのは、心理学者の魂のなかにあるこのような創造的な響き合いがあるかどうかとは全く異なる方向、すなわち、より個人的で主観的な深みである。このことが意味するところを、これから明らかにしていかねばならない。

　非常に単純な省察からもう一度始めよう。言及されている治療者の人格とは、正確に言えば、具体的な人間の人格であり、彼または彼女の本当の姿、彼または彼女の行動を通して実際に、そして無意識的に際立つ彼または彼女全体の態度のことである。このことは、たまたまその患者の心理療法家であるその人間の人格を頼りとすることで、われわれは明らかに現象学的な水準に留まる、ということを意味する。とは言え、人格とは何なのだろうか。それは不可視であり、物ではなく、経験科学の手段によって捉えられ、明確に定義されうるものではない。人格は自らを示すが（これは現象学的な側面である）、

筆者が述べたように、ただ非直接的に、非意図的にそうするのみである。われわれは人格を捉えることができない。それ自体としてそれは決して現れない。それは決して実体性を帯びることはない。神秘のままなのである。

　それゆえ、心理療法家にも同じように適用されるユングの教師についての次のような言葉には、少し問題があると言えるだろう。「教師は自分が果たしている役割を意識していることが大切である。子どもにカリキュラムを叩き込むだけで満足してはならない。教師は自らの人格を通しても子どもに影響を与えなければならないのだ。この後者の機能は、場合によってはそうでない場合もあるが、少なくとも実際の授業と同じほど重要である」（CW 17 § 107a）。ユングがここで述べていることは、教師（または治療者）が自分自身の人格を明確に意識し、それにアクセスし、それをそれぞれ生徒に影響を与えるために、あるいは患者を治療するために計画的に利用するべきであるかのように聞こえる（少なくともそう理解できる）。しかし、これはまさに不可能であり、そのような方法で自分の人格を理解しようとすることは無益であり、逆効果である。たとえもし、そして正確に言えば、意識的に気づいていなくても、焦点を当てていなくても、本当の影響力を発揮するというのが、人格のまさにポイントなのである。教師は普段の授業という仕事をすることに集中せねばならない。同じように、治療者も心理学的現象に集中し、それらに取り組むことに最善を尽くさねばならない。人格の影響というのは、付加的に、目に見えない形で、意図せず、何気なく入ってくるものなのだ。

　ユングの言説は、われわれは自分の言動や意図以上の存在である、そして、あらゆるわれわれの意識的かつ意図的な努力に加えて、自らの存在を単純に介して、われわれはいわば（良い意味でも悪い意味でも）「感染しやすい」、という一般的な真理への認識を単に求めているだけと読むべきだろう。自分の存在や人格が、恨み辛みや感情に彩られたコンプレックス、神経症的な強迫などで変形していないかに注意を払うのは、人間としてのわれわれの一般的な責務である。しかし、他者と具体的な作業をするなかでは、騎手が自分を馬に運ばせるように、われわれは人格を忘れて、単にそうであること、ただ「そ

れに乗る」ことができるのである。

　しかしながら、心理療法家が置かれた状況は、もし彼が魂ある心理学に基づいて仕事をしたいと考えているなら、さらにより複雑であろう。教師の仕事は多かれ少なかれ明確に定義されている。教師の仕事はまさに、カ・リ・キ・ュ・ラ・ム・に求められていることを生徒に伝えることである。教師のカリキュラムに相当するものが、治療者の心理学の理論、方法、そして技法であると考えるかもしれない。それを目の前の症例に当てはめていくのが治療者の仕事というわけだ。しかし、それはそうではない。教師のカリキュラムに相当するものが存・在・す・る・わけではない。心理療法家にとっては——精神分析において *dazwischenschieben*〔訳注：日常語では「間に差し挟む」の意〕の防衛機制と呼ばれるものを通して——患者と自分自身の間に技術や方法を介在させたり、差し挟んだりしないことが重要である。ユングが分析家に求めているのは、分析家が人として、自分自身として、方法の背後に隠れないことである。治療者は「患者の人格との個人的な対立から逃れたり、技法の背後に隠れたり」(*CW* 10 § 346 筆者改訳) しようとしてはならない。「教えの陰に隠れて身を固める」(cf. § 335) ことがあってはならないのだ。もう一つかかわりのある一節に耳を傾けてみよう。

　　そして、心理療法が心理学に成長し、治療学が単なる技法であることをやめてから久しいにもかかわらず、心理学的な治療がある種の技術的な手続きであるという幻想はいまだ衰えを知らないという事実がある。このような幻想は、心理療法家集団の間でさえ、なくなったと言うのは、あまりにも楽観的であることは明らかだろうし、事実とも一致しない。今も昔も聞かれるのは、心理療法の機械化に異議を唱える声や、単なる技術的な手続きという魂の抜け殻からそれを解放することへの関心を表明する声である。彼らの目的は、心理療法を心理学的・哲学的な弁証法という、より高次の地平に引き上げることである。そこでは、心理療法は、それらの全体性のなかで互いに対峙する二つの心的領域、すなわち、二人の人間の間の出会い (*Auseinandersetzung*) となるのだ (*CW* 10 § 333 筆者

第 3 章　主たる癒やしの要因：治療者の人格

改訳）*20。

　ユングが提案するのは、理論や技法の適用を拒否するという、単なる否定的な動きではなく、はるかに過激なものである。なぜなら、彼が言うには、「技法は常に魂なき仕組みである」(CW 10 § 357)し、分析家の理論的な知識や技法は、すでに見てきたように、「ほとんど重要ではない」からだ。ユングはむしろ、心理療法家が自らの人格として名乗り出ることを求めている。それは、彼が自身の正体を現すことである。そこには、患者と分析家二人の人格の間の直接の「裸での」出会いがある。治療者としての私は、（正確には、患者が

―――――

*20　ユングは心理療法を弁証法的な手続きであると繰り返し語った。上記の引用のなかで、彼が「哲学的な弁証法」という言葉を使う時、これが、例えばヘーゲルにおいて、あるいは、さらに詳しく言えば、内面性の学理としての心理学において用いられるのと同じ意味での弁証法であると欺かれるべきではないし、そのように考えるべきでもない。ユングは「実践的な心理療法の諸原則」(CW 16 § 1)という論文の冒頭で、自身が「弁証法」には二つの異なる意味があることを意識していると述べた。「『弁証法』はもともと、古代哲学者の間の対話技法であったが、かなり早くに新たな統合を創造することを言い表す用語となった」。彼は「もう一つ別の心的体系との相互的反応（Wechselwirkung）」について述べているのだ。このような表面的な理解はまた、この引用のなかで「それらの全体性のなかで互いに対峙する二つの心的領域の間の出会い（Auseinandersetzung）」について語られる際、それを貫いているものでもある。けれども、われわれが今ヘーゲルやマルクスらの精神における「弁証法」によって言わんとするところは、統合を創造するための方法ではないし、二つの別々の実体、項目、体系を寄せ集めたり対峙させたりすることで作動するものでもない。それはむしろ、一つのテーゼが自らの暗示的な自己矛盾のなかへと、さらには自らの真理のなかへと潜り込む、内在的で再帰的な自己展開である。ヘーゲル的な意味での弁証法として、ユングの「超越機能」の概念を理解することにも同じ欠落がある。これについては、以下の拙論を参照のこと。"'Conflict/Resolution', 'Opposites/Creative Union' versus Dialectics, and The Climb Up the Slippery Slope", in: W. G., David L. Miller, Greg Mogenson, *Dialectics & analytical psychology*, New Orleans (Spring Journal Books) 2005, now London and New York (Routledge) 2020, pp.1 ff.

抱える様々なる明示的な質問や問題すべてに対してだけでなく）一つの全体としての患者の人格に、すなわち、心的領域としての患者に、私の答えを与えねばならない。そして、私は私がそこに存在するところの心的領域や人格として私の答えを与えなければならないのだ[*21]。

　これはむろん、筆者が先に主張した非直接性や「人格」の神秘的な性質と矛盾する。今求められているのは、二つの魂の直接の対決、あるいは出会いである。しかしながら、矛盾しているように見えるものは、弁証法（厳密に現代的な意味での「弁証法」）として理解されねばならない。直接性と非直接性は両立する。問題は、どのように両立するかということだけである。

　治療者の人格は、それを明示的にすることによって、すなわち、それに近づき、内観を通してそれを探求し概念的に捉えようとすることによって、浮かび上がらせてはならない。これは、直接性に関する誤った（外在的・技術的な）理解であろう。そこでの人格は、意識の一つの対象や内容に変えられてしまっている。心理学的に求められるのは、全く別のものである。意識的な行為としてではなく、ある種の精神レベルの低下としての一つの退行が求められている。それは、再帰的な動きであり、自我の統制を放棄し、自分自身の未知で接近不能な心理学的な深みを表面に浮上させることである。通常の意識において、われわれはたいてい因習的であり集合的であり、たとえ科学者や哲学者として厳格な思考を実践していようと、普遍的なものの水準で動いている。それとは反対に、ユングが関心を寄せていたのは、個人のもつ不可解な個別性であった。このように、ここで問題になっている再帰的な動きは、正確に言えば、全く反対の方向に、すなわち、「われわれの最も私的で最も主観的な生活」（CW 10 § 315, cf. § 316）につながるものである。安全の保証などそこにはない。柵から出ない安全な位置から（自我にとって有利な場所から）、自分が

[*21] このことは、先の脚注14に示したように、私の個人的な秘密や、私自身の心理的な問題やコンプレックスを患者と共有することと混同されてはならない。

存在する深淵を覗き込むことはできないのだ。それは反対に、背後から不意に深淵に曝され、その口寄せとなることである。人格は意識化されない。それは不可視で、未知のままで、底知れず、手つかずのままである（このことは、筆者が先に提示した、顔を背けてせねばならないというギリシアの冥界と死者の神々への供物の捧げ方を想起させる）。人格は、人間の言動に間接的にしか現れない。

　この意味で、要請されている二つの心的領域の直接の対決というのは、このような表現が許されるなら、二つの非直接性の直接性なのである。

　ユングはかつて、心理療法が通常、「心理学の代わりに、心理学的な手段を用いる」ものと見なされていることを嘆いていた (*Letters 1*, p.535, to Thompson, 23 September 1949)。重要な考えである。この言説の文中の「心理学」に専心している心理療法家は、その人格を心理学的な手段として、治癒の要因として使うことはしない。そんなことをすれば、心理学は成立しない。治療における心理学は、何かを利用するのではなく、治療者が未だ知らない、知りえない自らの人格の深みに自分自身が使われるに任せ、そのような深みが、治療者自身の後ろや下から、その全体性において患者の心的領域に、その「答え」やその「応答」を与えるに任せる時にのみ成立する。それは、それらの全体性における二つの心的領域の直接の「衝突」と接触の単純な結果として、自発的に生じる「自然な」反応である。それは意図的な反応ではない。それは、二つの化学物質が触れた時に起こることに似ている。われわれではなく、「自然」の営為である。これこそが、先に引用されたユングの見解にある意味での心理療法における真の心理学の成立であると結論づけねばならない。ユングはかつて、ある人への書簡に「自我なしで生きるよう試みなさい」と書いたことがあった (*Letters 1*, p.427, to Anonymous, 28 April 1946)。これはもちろん、この個人の特定の状況下において、ある個人に与えた助言なのだが、われわれの話題にぴたりと当てはまる（たとえ、自我［the I］と意識が治療にとって大きな意味をもつことも同時に真実であるにしても）。ユングはまた別の機会に、手紙のなかでこう書いている。「意識に相対し、無意識のうちに生きることを学ばなければなりません」(*Letters 2*, p.386, to Vijayatunga, August 1957)。ここでは、「生きる」を「治療において患

者と向き合う」に置き換えるだけでよい（「生きる」は、ユングの言葉に実存的な意味をもたせることになる。しかし、ここでわれわれが関心をもっているのは、理論的な知識や技法を「心理学的な手段」として適用するのではなく、治療者が心理療法的な作業のなかで心理学を生み出すことだけである）[*22]。

　ユングが示唆していることはもちろん、文字通り、より無意識的になることを意味していない。われわれは概して、最初から十分に無意識的であり、あまりにも無意識的である。その言わんとするところはひどく異なっていて、それは、われわれが存在する「その全体性における心的領域」（それは必然的に意識の圏外であり、明示的ではありえない）の諸反応を、すなわち、他の「その全体性における心的領域」に対する諸反応を意識的に顕現させることなのだ。

　アニエラ・ヤッフェによると[*23]、遠方からあるつましい若い女性が、ただ一度のセッションのために、ユングのもとに紹介されてきたことがあるという。彼女はその時ほぼ完全に眠れない状態であった。彼女が極端な完璧主義に悩まされていて、それゆえ何よりもリラックスすることが必要だということがユングにはわかった。彼は彼女に話しかけ、セーリングのようなものがいかに役立つかを述べたが、彼女が本当には理解していないことに気づいた。その時突然、ユングは、妹を眠らせるために母親がよく歌っていた古い唄を思い出し、意識的な意図はほとんどなしに、この古い子守唄のメロディーに

---

*22　拙著『夢との取り組み──魂の自分語りへのイニシエーション（*Working with dreams. Initiation into the soul's speaking about itself*）』第3部の「私が沈むことの必要性」という章において、筆者は「夢中遊行」と「泳ぐこと」のメタファーを用いて、このようなスタンスについて述べた。〔訳注：ロンドンのRoutledge社より、2020年11月に発刊された。以下の邦訳もすでに発刊されている。猪股剛監訳『夢と共に作業する──ユングの夢解釈の実際』日本評論社、2023年。〕

*23　Aniela Jaffé, *Aus Leben und Werkstatt von C.G. Jung*, Zürich and Stuttgart (Rascher) 1968, pp.113 f. 同じエピソードは以下の著作にも紹介されている。"On the frontiers of knowledge" by Georges Duplain, in: *C. G. Jung speaking*, ed. by William McGuire and R. F. C. Hull, London (Pan Books, Picador edition) 1980, pp.374 f.

合わせて、セーリング、風、水、リラックスについて口ずさんだり、鼻歌を歌ったりし始めた。2年後、ユングは彼女の主治医に会い、この一度のセッションの後、不眠症が完全になくなったことに、そして彼がたった一回の面談でそれを成し遂げたことに驚きを禁じえないことを告げられたという。

　これは、今までに話してきたことのいい例だろう。ここでは、四つの局面を切り取ることができる。

　第一のポイントは、患者のなかの意識的な個人に話しかけることによる意識的な治療的アプローチが失敗に終わった経験と、治療者がその無益さを全面的に受け入れたこと、そして患者の抱える困難が完全に意識の埒外にあることに自発的に気づいたことである。このことは、ユングの側の部分的な精神レベルの低下（ユングが無私［selfless］となり、彼の個人的・意識的な懸念がなくなること）のための、そして、その結果もたらされる、より深く、意識的には接近できない魂のレベルへの開けと信頼のための前提条件となっていた。精神のレベルの低下は、諸現象の客観的な絶対－否定的内面化と主観的に等価であると言えるだろう。

　第二のポイントは、彼の魂の深みから、長くすっかり忘れ去られていた子守唄が立ち現れたことである。ここでは、ユングが突然思い出したというのは正確ではないだろう。実際には、その記憶が浮かび上がったのは、患者の「その全体性における心的領域」によって（とりわけ、意識的にも全く接近不能な患者の困難によって）、彼が触れられたからであった。それを呼び覚ましたのは、魂の真の触れ合いだった。子守唄の出現は、ユングの記憶では決してなく、患者や彼女の困難がユングのなかに、そしてユングを通して、その子守唄を「想起すること」であったと言えるかもしれない。これだけでも、ユングが子守唄を頼みとしたことが治療効果をもたらした理由がわかる。ユングが子守唄を、いわば薬として患者に「注入」したのでは、癒やしは得られなかっただろう。そうではなく、単にユングを介して、患者の魂が自らのなかに（そして彼女のなかに）ずっとあったものを思い出しただけなのである。それは、彼女の完璧主義的な心配事に対する意識の強迫ゆえに、徹底的に解離されていた。

そして、その治癒は、意識的な魂が自らの大地と再接続を果たすことであった。ここにおいてわれわれは、(ユングの言う意味での)「弁証法的なプロセス」としての、すなわち、二つの心的領域の間の出会いとしての心理療法という考えによってユングが言わんとするところを、その最も深い意味で学ぶことができる。

　第三のポイントは、差異を産み出したのは、子守唄それ自体でも、ユングがメロディーを鼻歌で歌う時に用いた言葉でもなかった、ということである。子守唄を歌うことは、単に全体の雰囲気、いや、特定の魂の真理にとっての記号だったのであり、それが、治療的なセッションのなかに実際に存在するものとしてのこの魂の真理を喚起し布置した。その魂の真理とは、「この落下が、存在のすべてを包含する基盤としての『母なる魂』[*24]によって受け止められ抱えられるという認識とその絶対的な確信のなかで眠りにつく」というものである。これが、ユングの判断によれば、(その意識が回復不能なまでに自分自身のなかに閉じ込められていた)患者が必要としていた、リラクゼーションと「眠りに落ちる」ことの原像(*Urbild*)である。この治療のセッションにおいてそれがリアルに現前することによって、以前には乱れていた魂の自己制御が再び活発になり、意識と自らの大地との接続が再び確立されえたのだ。

　第四のポイントは、有名な心理学者であり大学の教員でもあったユングが、自らの最深部にある主観性をもって進み入り、偉ぶらず、この「小児的」な子守唄レベルに完全に身を投げ出すことができたという点である。このこ

[*24] ユングの母親が妹に子守唄を歌った時、その母親は、赤ん坊である妹にとって、母親自身、つまり、赤ん坊にとって日頃から見知った文字通りの母親ではなかった。赤ちゃんに子守唄を歌う時、真の意味での母親は、他ならぬこのセッションでの治療者であるユングがそうであったように、「母」としての魂の大地を象徴し(間接的に意味し)、事実上、それを布置している。だからこそ、子どもはそこで、昼間の世界のあらゆる気がかりもろとも意識的な世界を忘れ、自分自身が魂という未知の深さへと落ちてゆくままにすることを許されるのだ。これが、われわれが「眠りに落ちる」と呼んでいるものである。

とによって、ユングは、魂の代理人（*vicarius animae*）、すなわち、患者自身の切り取られた魂の深みにとっての代弁者となることができた[*25]。心理療法家としての、魂の医者としてのユングは、自分自身が患者の分裂した深い部分によって、その代表や声として使われることをよしとしていた。（注意してもらいたいのは、ユングは個人的になったわけではないし、彼の母親と彼の妹に彼女が子守唄を歌っていたことに関する記憶を共有したわけでもないということだ。）患者と治療者の間の相互的関係というのは、表面的な見かけにしかすぎず、文字通りの水準においてのみ、個々に独立した二人、問いと答え、それら双方のうち片方なのである。患者の意識的な人格とより深い魂の大地との内的に解離した関係が──ただし、割り当てられた役割と触媒としてのユングによって──演じられていたにすぎない。それは本当には対人関係ではなく、むしろこころの内側の関係であったという事実は、外在する代理人（*vicarius*）としてのユングの行いが、彼女の心理状態にぴたりと合致した理由である。

　ユングは、この患者をお決まりの方法で（*lege artis*）治療したのではなく、通常よりも深い意味で「即興」した。ここからは、例えば、患者の夢との取り組みに関するユングの弟子たちへの助言を理解することができるだろう。「『象徴についてできるだけ多くを学び、一つの夢を分析する際には、それをすべて忘れなさい』」（*CW* 18 § 483）。すべて忘れなさい！　心理学の理論、診断、技法、すべてについて学ぶが、患者の前ではすべてを忘れなさい、ということである。

　このような学習した情報を応用する際の本当の問題は、すべての理論、方法、または技術の応用と同じように、それらの背後に「人間が隠れてしまう」ということと、これらの理論と方法は「X、Y、Z、誰が（それらを）実践しよう

＊25　筆者は、魂の代理人（*vicarius animae*）という表現を、以下の拙論において導入した。 "*Psychologie Larmoyante*. Glen Slater, For Example. On Psychology's Failure to Face the Modern World", in *CEP* 4, pp.501-530, here pp.504 and 511.

と、常に変わらない」(*CW* 10 § 350 筆者改訳) ということである。科学においては、このような主体の、そして人格の排除が必要であり、正当である。しかし、必要とされているのは、正確に言えば、本当のX、本当のY、本当のZの「最も主観的で、最も私的で、最も個人的なもの」であり、言うならば、それらを通した、未知であって接近不能な魂の大地の現前なのである。ユングは、(ユング派の訓練も含めて、深層心理学のすべての学派の訓練について異なる形で言えることだが) 精神分析を批判し、「どうやら精神分析の訓練分析の目的は、彼 (訓練生) を一人の人間ではなく、正しく技法を用いられる者にすることにあるようだ」と述べた。同じ理由で、心理療法の各学派に対するその効果についての研究はすべて、心理学的な観点から見れば、悲惨なものであると言えるだろう。それらは、主観的要素、主体、人格の体系的な排除に関する明確な事例である。このことは、ユングが科学全般について語ったことを想起させる。科学は「自らの探究の結果を、それが人間の介入なしにそこにあるかのように表現し、不可欠なこころの協同を不可視のままにする」(*CW* 10 § 498 筆者改訳・傍点)。しかし、心理療法においては、それは、方法や技法を心理学の代用とすることであり、心理学の即席化 (the happening of psychology) であろう。

　心理療法においては、共感すること、患者に感情移入すること、患者のなかにあると思われる感情をわれわれ自身の言葉で鏡映することは、重要な役割を果たす。われわれの文脈では、これもまた技法の適用であることに注意する必要がある。治療者は、おそらく患者には明確な表現が付与できない、自らが共感的に探索した患者の感情を明確な形で鏡映することによって、治療者として存在する。しかし、そうであるところの人間としては、リアルな人格としては、治療者は自らが共感することの背後に消えてしまう。患者の (推測された) 感情を明確にする際に、治療者はそれらの感情について語り、それらについての報告と自らの認識を付与する。つまり、このことは、治療者はそれらを置き去りにすることを、そして、彼にとってそれらが意識の対象、あるいは内容となったことを意味するのである。そこには今、二重の距離が存在する。主体として、人間としての彼は、その感情の外にあり、患者の感

情を患者へと鏡映することによって、治療者としての彼は明確に、患者を自分自身に相対する位置に置くことになる。共感することは、治療者と患者との裂け目を強調するのだ。

　ここで議論したいことの一番良い例ではないが、先の例のユングの行動からは、治療者には全く異なる可能性があることを学ぶことができる。つまり、彼は感じること（というモード）のなかに留まることができる、そして、単純にそれを感じる（あるいは、感じている）ことができる、ということである。そして、それは患者が感じていることではなく、彼自身が感じていることである。また、患者に何かを鏡映するのではなく、彼は「同じ」ことを感じている。彼自身の感じていることは患者の感じていることであり、だからこそ、患者の感じていることはこの瞬間に、二人の間の統合を真に創り出すものとなる。これが感じることを通して唯一可能なことであろう。すなわち、患者が抱いている感情に共感することによってではなく、感じていることを感じること、感じるというモードに棲み込み、感じることをリアルな現前として優先する。ここには根本的な違いがある。筆者自身のスーパーヴァイジーや同僚との協同、さらには、セミナーにおける取り組みから、そして、これまで心理療法に関する文献で見てきたことからは、感じることや情動については多くの議論がよくなされ、それらをもてはやすことが多くの支持を得ている一方で、感じるままに感じるということについては、かなり知られていないか、少なくとも過小評価されている状況にあるという印象を受ける。前者は完全に自我の水準に属し、後者は魂への門口である。そして、それは、人格としての、全き主観性における治療者の存在を必要とする。あるいは、逆に言えば、この感じることをリアルに感じることは[*26]、彼の人格、主観性、そして個人的な人間性において（あるいは、として）、治療者のリアルな現前を、最初に

---

*26　「感情をもつこと」と「（感じられることは何であれ）感じること」は、互いに排反する。

布置するものではないだろうか。いずれにしても、それは、自らの人間的な弱さを示すことを恥じることなく、かつ、何かをすることなく、単に感じる勇気を必要とする*27。

　すでに見てきたように、ユングは、心理学的に思い描かれる心理療法は「それらの全体性のなかで互いに対峙する二つの心的領域、すなわち、二人の人間の間の出会い（Auseinandersetzung）」であることを求めていた。これまで筆者が強調してきたのは、このことは、治療者が最も主観的な人格を前面に押し出さねばならないということを意味する、ということに他ならない。しかし、それとは全く異なる、ほぼ正反対の側面もまた存在する。そして、ここでも筆者は、ユングから手がかりを得ようと思う。彼は『自伝』（MDR p.134）のなかで、分析家は「患者がどのようなメッセージを自分にもって来ているのか。彼は自分に何を言わんとしているのか」（傍点筆者）を自問自答しなければならないと記している。言い換えれば、これらはすべて自我のレベルに属することだが、この眼前の患者に対する個人的な同情と共感によって動かされるだけでなく、この眼前の患者という素材に、すなわち、患者が治療者に心理学的に表す人間的な問題の客観的な実体に、治療者が本当の意味での個人的・知的関心をもつことが治療的には重要なのだ。もし分析家自身の好奇心が刺激されるなら、それは結果として、人間的な水準で、通常共感と呼ばれるものという意味で、患者という個人、すなわち自我にかかわるだけではなく、治療者が完全に、真に、そして心底から、「魂」の実質に開かれかかわることとなる。患者は何かを「もって来ている」わけだが、そこには、治療者にとって、個人的な（物質的ではない）利益がある。このことはまた、フロイトの治療と研究との接合部分（Junktim zwischen Heilen und Forschen）についての言説にもつながっている（「精神分析においては、最初から治療と研究の間には不可分なつながりが存在し

---

*27　「何かをする」に関して言えば、ユングが子守唄のメロディーを鼻歌で歌ったのは、彼がとった治療的な手段ではなく、単にそこにあった感情の自己表現である。

ていた。知識は治療的な成功をもたらすものであった。何か新しいことを学ぶことなく、患者を治療することは不可能だった。その有益な結果を知らずして、新たな洞察を得ることは不可能だったのだ」[*28])。先に筆者は、治療的な状況の人為性についての議論の文脈において、患者・分析家間の関係のもつ非対称的な本質について述べた。しかし、筆者が今、この「治療的な要素としての治療者」という別の側面として指摘してきたことは、非対称性とは明確に対極にある。それによって、分析家は、治療的なプロセスに個人的に関心をもち、それに関与するようになるのである。

---

*28 Sigmund Freud, *The question of lay analysis*, translated from the German and edited by James Strachey. Garden City, New York (Anchor Books, Doubleday & Company) 1964, p.109.

第4章
自身を解放することのもつ癒やしの効果

ここでは、以下の五つの異なるタイプの自身の解放について説明しよう。

1. 治療者という他者に自身を委ねることとして自身を解放する。
2. 魂の自己運動に自身を解放する。
3. 自らの病を自らの主観性から客観的な〈普遍〉へと解放する。
4. 自分自身へと、すなわち、自分自身の存在や本性へと自身を解放する。
5. 自分自身を自らの病理へと解放し、自分自身の概念を概念へと解放する。

1. 他者に自身を委ねることとしての自身の解放：あるいは、治療的な要因としての治療の統語論における治療者というポジション

自分自身を委ねる最も単純な形態は、ユングが自らの論考のなかで「告白」と呼んだものだろう。それは、胸にしまって抱えていた個人的な秘められた感情や物語を、他者に、すなわち、治療者に打ち明けることで、他者に伝達し、何かを共有する行為である。このことにはそれ自体、解放する効果がある。ここで伝達されるのは、個人がすでに意識している具体的な内容ということになる。

それよりも深く、それほど明瞭でない、それゆえにより魂のこもった形態は、別の個人に自分自身を開くことである。ここでは、もはや共有されるのは、あれやこれやの内容ではなく、自らの心、自らの魂、自らのまさに自己そのものが他者に開かれる。（それらの全体性における二つの心的領域の）魂の出会

い、すなわち、それら相互の触れ合いである。このような接触を通して、患者の魂は潜在的に、自分自身の内側への投獄や孤立、そして、ある一つの悪循環に見られるような、自分自身のなかに起こっている無意味な堂々巡りから解放される。このことはすでに、そのような行き詰まりの解消に貢献しうる。

　では、今述べたこれら二つの可能性について考察しよう。自分の秘密を相手に打ち明けることの心理学的意義は、このようにして初めてその内容が自分にとってリアルなものになるということだろう。多くの患者は、彼らがそれを知っていて、それゆえ、その内容は完全に意識されていて、正確に言えば、無意識ではないのだから、特定の事柄については、分析のなかで話す必要はないと考えている。しかし、このような考え方は、表面的であるばかりか、心理学的な意味において意識的であるということが含意するところを完全に取り違えている。何かに関する「知識をもつこと」とそれを「意識すること」とが混同されているのだ。

　心理学的には、自分自身がこれらの事柄を知っていることには、何の意味もない。自分の秘密を自分だけが知っているなら[*29]、それは心理学的にはいまだ潜在性の、そして漠然とした状態にあると言えるだろう。それはリアルではないし、本当の意味で意識的でもない。それは自分自身にとっての非常に主観的な財産であり、したがって、心理学的には、完全に自分の管轄下にあり、ケースのなかに入れて安全に保管されている。それは簡単に脇に押しやることが可能である。それを真剣に受け止めず、単なる考えや空想、美的なもののように、シャボン玉のように取り扱うことができる。秘密の内容は、自分がそれを声に出して伝えた時、つまり、自分自身の主観への封じ込めから、自分の私的で内的な所有物という状態から、それを解放した時にのみ、

[*29] 筆者がここで「〜を意識する」ことの意味について述べることは、とりわけ恥ずかしいからという理由で秘密にしている、あるいは、秘密にしておきたい内容にのみ適用される。

第4章 自身を解放することのもつ癒やしの効果

自分にとって一つのリアリティーとなる。分析家にそれを告げることで、秘密の内容は、自分の管轄外のものとなり、今や自分の手の届かないところにある。このことによってだけ、それは客観的なもの、すなわち、リアルな真理となるのだ。

　以前には、(他者に) 見られないように、あえて言えば、まだ見られも聞かれもしないように、その周囲には魔法陣が敷かれていた。これは、何かを秘密にしておくことにかかわっている[*30]。しかし、口にすることで、それは公のものとなる。パンドラの箱を一度開けると、そこから逃げ出したものは二度と蓋の下には戻らない。私はもうそれを操作することはできないし、相手がそれを使って何を考えるのか、何をするのか、それが相手にどう作用するのか、自分ではどうすることもできない。今やそれはリアルである。私には証人、秘密を共有する人 (*Mitwisser*)（事情に通じている人）がいる。他者に知られてしまった今、私の秘密はパンドラの箱から解き放たれ、もはや安全に封じ込められなくなったウイルスのようなものとなる。それゆえ、それは私の周りに蔓延し、私はその予測不可能な衝撃に曝される。今や私がその管轄下にある。

[*30] 「秘密をもつことは、そのもち主を共同体から疎外する、こころの毒のように作用する」(*CW* 16 § 124)。しかし、これは秘密がこころにとってもちうる一つの意味であり、秘密の一つの類型であることを、ここでは付け加えておかねばならない。秘密のもつ別の重要で、かつ全く異なる意味は、「秘密をもつことは重要である。……秘密は人生を非個人的なもの、すなわち、聖なるもの (*numinosum*) で満たす」(*MDR* p.356) ということであろう。これは、ヌミノースな、あるいは宗教的な神秘という意味での「秘密」である。それは真の秘密である。「しかし、真の秘密は明かすことができない。……秘密をもっているのはわれわれではなく、真の秘密こそがわれわれをもっているのだ」(*CW* 10 § 886)。それらの秘密は、個人が儀式によって導かれ参入するもの、あるいは、深い内的で個人的な体験を通して、それら自身をその個人自身に示すものである。そのような秘密は、ある個人にとって重要な宝であり、個人としての確固たる地盤を与える。「個人が守ることを誓った秘密をもつこと以上に、個人を大切に守るという感覚を強める手段はない」(*ibid.*, p.342)。

それは私に判決を下す。私を凝視し、攻撃し、私の元に戻って来て、私に働きかける。今や、「解放されたウイルス」として、私の秘密はその真理のなかに解き放たれ、客観的な事実となる。心理学的な意味での真理とは、自分を貫き傷つける可能性をもつものだけである。そして、客観的な事実として、真理としてのみ、それは真に意識されるようになる。今や、私はそれに向き合い、反応し、それについて何かしなければならない。

　これが、自分が自分自身を分析できるという考えが偽りである理由でもある。ユングはかつて、「分析家たちがいる」（CW 4 § 449）、そして、おまけに「自分は自己分析を進めてゆくことができる」と信じている人たちも他に多くいる、と指摘した。「これはミュンヒハウゼンの心理であり、彼らは確実に行き詰まることだろう。彼らは、最も重要な治療的に効果のある要因の一つが、他者の客観的な判断に自分自身を委ねることであることを忘れている。われわれは自分自身については盲目のままである……」（傍点筆者）。

　ここに至り、少なくとも情緒的に繊細で問題を孕む内容に関しては、それらが本当の意味で（心理学的に）意識されるには、二つの意識が必要であるという重要な心理学的な洞察が得られた（対照的に、中立的な内容に関しては、ここにはそれらを秘密にしておこうという願望や必要性がないので、たとえそれらが誰か他者と共有されていなくても、より実際的な意味において十分に意識されうる。それらについて話すことを一向にかまわないので、心理学的には、それらについてはもうすでに話したも同然なのだ。しかし、それらは中立的な内容として、心理学的に繊細な話題とは対照的に、日常の自我の領域、すなわち、実際的な問題の領域に属し、そのようなものとして、そもそも魂にとって何のかかわりもないという単純な理由で、心理学的に意識される必要性も可能性もない）。

　心理学的な意味での意識はそれ自体、共有されるものである。秘密を共有する人（Mitwisser）について述べたが、このことは、それをひどく文字通りに翻訳すると、「意識的な（人）」、私「と共に知っている」他者、あるいは「もまた知っている」他者となるという事実を思い起こさせる。このことはまた、意識を表すギリシャ語とラテン語、*syneídēsis* と *conscientia* の双方に、「知る」という概念に加えて、この「共に」（syn-, con-）が含まれているという事実も思い起こ

させる*31。意識とは、単純な知ることではないし、単なる「原初的な気づき」でもない*32。

それゆえ、自分の秘密の感情や空想を告白することはすでに、主体が抽象的な自己の同一性から踏み出すことの第一の類型である。そして、他者に自分自身（最も奥底にある自らの存在）を開くことは、それとかなりの程度同一であろう。いずれの場合も、それは〈一〉から〈二〉へのステップである。〈二〉は、筆者が心理学的差異と呼ぶものの、すなわち、その個人と「その個人の魂」との差異、私と客観的なこころとの差異についての最初の直覚である。「魂」はもはや、ただ単に自分自身であることを主張せず、白き魂（anima alba）として自分自身の内側に閉じることなく、新しい種類の同一性、すなわち、自分自身とその他者の同一性に我知らず巻き込まれ始める。これが意味するのは、同一性と差異の同一性ということでもある。

これは、ヘーゲル的な意味での直接的意識から自己意識への移行である――そして、これだけが心理学的にリアルな意識である。自己意識において、われわれは、ヘーゲル的に言えば、〈私たちである私〉と〈私である私たち〉とをもっている（これもまた心理学的差異の顕現である）。ヘルダーリンからは次のような定式化が可能だろう。「われらが一つの対話となり、たがいに耳を傾けるようになってこのかた（seit ein Gespräch wir sind und hören voneinander）」（以来ずっと、われわれは一つの対話であり、コミュニケーションである。われわれは会話として存在し、互いに声を聞いている）*33。神経症において、個性と意識は、客観的に事実として、

---

*31 これらの古語のなかの「共に」は、心理学的な意識に必要なものではあるが、事情にも通じ、私と共にある別の個人を意味していたわけではないことは認めねばならない。

*32 「原初的な気づき」という言葉は、真の心理学的な意識と対比させるために、ユングが最初に用いたものだが、ここで含意されているものとは意味が異なる。以下の拙著の第4章 "The future potential of the I. From *psychic* awareness to *psychological* consciousness" を参照。 *The historical emergence of the I. Essays about one chapter in the history of the soul*, London, Ontario (Dusk Owl Books) 2020.

いまだ具象的なスタイルで物を雛型として、自らのなかに閉じられた実体として、認識されている。しかし、意識はそれ自体、自己意識であり、それ自体として物ではない。それは主観性であり、主観性は本質的に拡張されていて、……に向かって開かれたもの、あるいは、……との関係である。それは単に私の私的な内面ではなく、それ自体、「公」であり、共有されたものなのだ。

　ヘルダーリンの定式によって、われわれは、告白が究極的にはわれわれの内なる秘密を、あるいは、自分自身さえも、言葉、言語へと解放することであるという事実に目を開かされる。これは、実在する存在の間の単なる関係性、コミュニケーション、対人関係を超えたものである。言語への移行は、全く異なる次元への移行であり、実体性から否定性への、存在論からロゴスへの、物質から主観性への移行である。言語は相互関係ではなく、それ自体、そして客観的には、関係性そのものであり、それゆえ、主観的な相互関係や個人的な関係の必須条件なのだ。

　治療的なセッティングでは、治療者は象徴的に、〈非－私 (the non-I)〉を表している。この〈非－私〉は、ブーバーやローゼンツヴァイクの言う近代的な意味での他者ではなく、レヴィナスらが言うような他者である。それは、〈非－私〉として、そのなかに止揚された私のいくらかをまだ所有している他者である。それは私自身の他者、自分自身の他者である。それゆえ、ここで述べているのは、ブーバーらの言う〈我／汝〉の関係ではなく、〈私／非－私〉の関係である。それは間主観性ではなく、とは言え、自己同一的な私に関する独我論でもない。それは、自己意識という関係である。患者と分析家の間の治療関係は全体として、〈私たちである私〉と〈私である私たち〉の実演であり、視覚的で象徴的な表現である。それに対して、近代的な間主観性は、橋渡し不可能

＊33　フリードリッヒ・ヘルダーリンの讃歌「平和の祝い」(1802/1803年)。〔訳注：手塚富雄・浅井真男訳『ヘルダーリン全集2 (詩Ⅱ 1800-1843)』河出書房新社、1966年参照。〕

な差異のもつ近代的で意図的な論理に基づいている。そこでは、個人は、絶対的に孤立した原子的な私であり、外側から汝という他者を必要とする。それに対し、自己意識は、先験的に私と他者を結びつける基盤としてのコピュラ（copula）の伝統的で形而上学的（反省的）論理に基づき、反省的である（単に究極的・形而上学的にそうであるだけで、直接に日常生活においてそうであるわけではない）。

　少し脇道に逸れるが、ここでいくつかのコメントを追加したい。筆者が述べたことから、通常の社会的な関係とは対照的な、特殊な治療関係が治療には必要である理由が垣間見えるだろう。患者はしばしば、自分の配偶者や友人に、自分が今現在分析家に話していることと同じことを話したことがあり、その人たちの反応は時に、分析家が今言っていることとほとんど変わらなかったと言うことがある。それでいて、それは以前には治療的に作用しなかったが、今回はうまく作用する。治療においては、その〈二〉が、通常の、自然な、社会的な関係の〈二〉ではないということが重要である。なぜなら、そのような関係は自動的に、〈我／汝〉の関係になりがちだからだ。治療は、自然に反する（contra naturam）ものでなければならず、それゆえ、「面接室」のなかで人為的に行われねばならない。面接室は、錬金術のヘルメスの器（vas Hermeticum）を具現化する象徴であり、錬金術的な容器である。そこからは何も逃れられないよう、「密閉して（hermetically）」封印されていて（すなわち、ヘルメスのサインで封印されている）、その状態が保持されねばならない。治療は、いわば「人為的な実験室条件」の下で行われねばならない。そのような関係の人為性が不可欠である。その時にのみ、治療関係は、心理学的な関係となる。それは、「魂」の自分自身との自己関係であり、自分自身と自分自身の他者の内側へと展開してゆく。この「魂」の自己関係は、すでに述べられているように、二人のリアルな人間の関係として治療のなかで演じられる。そこでは、治療者であるリアルな汝が言及されているわけでも、指し示されているわけでもない。だからこそ、治療者は〈非－私〉を表象しうる。そして、次に、〈私（患者）〉がその〈非－私〉の否定性に影響を受け、〈私〉それ自体が否定性を帯びうる。面接室のなかにいる両者は、自らの実体性において外にいる現実の個

人とは同一ではない。つまり、こうして全体の関係はそれ自体論理的に否定され、そのようなものとして、心理学的な、あるいは魂の関係である、関係としての否定性のなかで生起する。たとえ二人の人間が明示的にそのようにそれを理解していなくても、そのような関係はそれでも、「魂」のそのような自己関係として無意識的に働きうる。この種の関係が従来、転移関係と呼ばれているのだ。

　実在する個人であり、普通の人間であるにもかかわらず、治療者は、患者の魂によって普通の人間（「一般人」）としてではなく、魂自身の他者として心理学的に認識されることが必要である。この必要性にこそ、フロイトが確立した精神分析における禁欲原則が存在することのより深い心理学的な根拠がある。後には、患者の側でも、分析家の側でも、あらゆる自己愛的で性愛的な欲望を行動化することを慎まねばならないというより狭小で、かつやや表面的な意味合いになってしまったが、性的関係は言うに及ばず、あらゆる対人的感情の関係は、通常の〈我／汝〉関係のレベルへの退行に、そして、錬金術的に言えば、錬金術の容器の破壊に相当すると言えるだろう。

　治療が人為的なものであることの必要性について筆者が述べたことの延長線上にあることだが、患者と治療者の関係の非対称的な本質にも注意しなければならない。それは治療の効果にとって決定的なものである。自らの内奥にある自分自身を開くのは患者である。患者だけが治療におけるトピックであり、双方ではない。そして、患者と治療者は、友達でも仲間でもパートナーでもない。患者はあるサービスを求めて治療者のもとを訪れるにすぎない。そのサービスに対して、患者は料金を支払わねばならず、治療者は自らの職務を遂行して生活の糧を得るだけである。心理療法は、人間の優しさ、利他主義、キリスト教的な慈善の精神から行われるものではない。それにもかかわらず、治療関係に実際に存在する親密さは、治療という仕事の本性にもかかわらず、自然に反する（*contra naturam*）もの、すなわち、不自然なものでもある。もしそうでなければ、その関係性は、日常の社会生活の論理に再吸収され、「魂」の否定性は失われてしまう。治療者が癒やすのは、その人がとても

第4章 自身を解放することのもつ癒やしの効果

賢くて、とても訓練されていて、心理学をとても深く理解し、それをとてもうまく用いて仕事ができるからだけではないし、また、それが第一の理由でもない。あるいは、その治療者の共感、思いやり、人道主義的な関心によるものでもない。治療者が提供する癒やしの第一の側面は、患者との関係において、その治療者が、面接室という人為的な空間において職業的なサービスの提供者としての論理的な・ス・テ・ー・タ・スをもち、共に人間同士というステータスをもたないことにある。実験室状況にあるという単なる事実——通常の職業的実践と心的で魂のこもった・親・密・さとの矛盾——、それ自体が一つの治療的要因なのだ。

　脇道に逸れたが、本節の主題である、他者に自分自身を開くことによる癒やしの効果に戻ろう。筆者はここに至り、〈一〉から〈二〉への移行と、自己意識の全体の内側での患者にとっての他者の表象としての治療者の役割という二つ目の、そしてより深い側面について論じることとなる。このことを理解するためには、神経症などの心理学的な病が含意するところを理解する必要があるだろう。

　神経症をはじめとする他の多くの心理学的な病は、患者の意識の周りに魔法陣を敷く。そのなかで、意識は絶望的に封じ込められている。それは一つの自己完結した世界であり、外部からも他者からもほぼ免疫されていて、理性や議論の入り込む余地はない。「愚か者（idiot）」という言葉は主として、私人、素人、非専門家を意味するギリシア語に由来する。しかし、それは、一般的な世界ではなく、自らの私的な世界に閉じこもって生きている人を指すこともある。このような自己封入が神経症では起きている。神経症は、その個人を彼らの私的な世界に囲い込み、その神経症が孕む特定のトピックに関連するリアリティーのあらゆる体験を自らの魔法陣のなかに引き込もうとする[*34]。このことが意味するのは、外界から遮断されているということだけに留まらない。それはまた、それ自体として、すなわち、自らの内的な動きのなかで、出口のない悪循環に陥っていることを意味している。それは自己言及的であり、まさに無限ループなのである。

砂漠や原生林にいる人は、ある方向に行きたいと思っても、知らず知らずのうちに円を描いて歩いていて、出発点に戻って来ていることにふと気づくものだ、ということがよく言われてきた。神経症とは、このような砂漠や原生林のようなもので、あなたはその内側でグルグルと回らされ、そこでは、魔法陣から抜け出すような指向性、直線性、目的性は与えられない。それは、時間的に言えば、永遠に続くことを意味する。生命は目的的である。それは一つの展開であり、最終的にはその終焉へと向かう。神経症はそうではない。神経症は、それ自身の内側には、いくつかの段階を経て、最終的には終焉を目指すような発展のパターンをもっていない。それは終わりなきものである。ユングが魂の自己制御と呼んでいたものは、神経症においては機能しない。このユングの用語には、健全な魂に存在する自己関係が含まれている。
　ここで、いわゆる冥界の「罰」というモチーフについて考える人もいるかもしれない。ダナオス王の50人の娘は冥界で底のない樽に水を入れることを命じられた。シシュポスは、頂上に着く前にまた転がり落ちてしまうのが避けがたいことなのに、岩を山の上まで転がして上げねばならなかった。あるいは、冥界の外側で、プロメテウスは岩に鎖でつながれ、その肝臓を鷲に喰われたが、自分の肝臓が何度でも元に戻るので、この罰は永遠に続くこととなった。
　このような悪循環の状況において、治療者は、患者の「魂」が係留することができ、停泊できる、魂のレベルでのリアルな外在する参照点として仕える。魂は突如、砂漠や原生林の外側に定点をもつことになる。今や一つの方向性が存在する。自らを囲い込んでいた円が強制的に開かれ直線となるのだ。こ

---

*34　神経症は通常、自らのためにその神経症患者を部分的にしか求めないということを、ここでは明示しておく必要があるだろう。人生の一部、あるいは多くの側面は、神経症の影響を受けずに続いてゆく。患者という個人が神経症の魔法陣の内側に封じ込められていることが、その神経症にとって重要なのは、特定の時期、そして特定のトピックや状況にかかわる場合に限定されるのだ。

のことは、魂の再確立された自己制御を通じて、その神経症が今から終焉へと向かって展開してゆく可能性を孕んでいる。

　分析は、冥界下りに擬えられることがある。しかしながら、この考えに従おうとするなら、この特別な降下は、元型的な宝物、例えば、死人だけが知る特別な知恵、あるいは、冥界からの知恵を取り戻すことを目的としたものではなく、反対に、そこにある運動の円環性から「魂」を解放するためのものであることを付け加えねばならない。

　ここで重要なのは、彼であったり、彼女であったり、治療者を特定の経験的な人間だと思わないことである。筆者がここで論じたことは、具体的な人間、すなわち、個別の人格にも、関係性における感情にも、治療者によって布置されうる主観的な、いわゆる転移反応にもかかわりがない。そうではなく、ここでは、抽象的で論理的なレベル、魂のレベルにおいて、われわれは自らを保たねばならない。それは、神経症の魔法陣に包囲された「魂」のために外在する参照点を提供する、そのようなものとしての治療関係の論理的な構造、あるいは形式であり、治療の統語論である。それゆえ、ここでの「治療者」が意味するのは、このポジションを埋める人が誰でありどのような人なのかという以前に、治療という統語論における治療者という抽象的で形式的なポジションや場所以上の何かではない。そして、治療者は、自分たちが患者によって、まずもって特定の人としてだけでなく、特定の個人の中身と全く別に、抽象的なポジション、つまり、参照点それ自体の論理的なポジションとして認識される限りにおいてのみ、真の参照点であることができる。ここでわれわれが関心を寄せているのは、患者において優勢な**論理的基部構造**と、患者が治療に入り、他者に自らを開くという単純な事実を通して（すなわち、分析家の側の特定の治療的介入や治療経過のなかでの様々な出来事やプロセスを通してではなく）、その構造が変容するということなのである。

　この機会を用いて、ここで一般的なコメントを付け加えておきたい。治療は儀式であり[*35]、儀式の目的は、経験的な実演を通した、そしてそのなかでの、われわれの世界-内-存在の論理の変容である。ちなみに、これが医学

と心理療法の違いである。真の心理療法は、根底にある目に見えない論理に基づく作業——論理的基部構造を変えようとする試み——であるのに対して、現代医学は、実体的な基質を変えようとする。これが心理療法を魂の作業とするものであり、技法的なアプローチからそれを区別する点である (例えば、認知行動療法)。

単純に、魂 - 内在の外在的な参照点を保証する者としての治療者の存在とリアリティーを通して、魔法陣というリアルな外側という観念が、神経症的な魂に提供され、そのことで、論理的な経路が神経症的な魂のために開かれる。神経症的な魂は、その経路をたどり、自らの自身の内側への封じ込めから、すなわち、その自己言及性から抜け出すことができる。論理的な基盤の円環性から直線性への変化と、そのことによる目的論的展開は、治療関係が通常の社会的関係ではなく、人為的な関係であることによってのみ、やはり可能となる。この人為性という課題のもつ一つの側面は、それが、治療者と治療関係を、おそらくそれが通常のものであろう経験的で社会的な現実によって完全に吸収されるのを阻むことであることを、われわれはここに至り理解する。治療者は、彼であり彼女である特定の個人だと完全に同定してはならない。少なくとも閾下では、治療者はまた、抽象的・論理的なレベルでの単なるポジション、代理物として認識されねばならない。治療において、治療者は、職業的なサービスを通して金銭のために、自分自身を患者にこの親密さのために差し出し、かつ、自身の側では同じようには患者に心を開かない。それでも、そのような他者に対して親密に心を開くことを患者が厭わ

＊35　これは、アドルフ・グッゲンビュール - クレイグが先に引用した彼の論文において指摘した主たる事柄でもある (脚注4参照)。彼にとって、ヒーラーの元型を布置するのは、(その方法、技法、それに対応する神話としての理論とともに) 心理療法のもつ儀式的な性質である。筆者は、このような元型への回帰を必要としないし、筆者にとって儀式的な性質は、いくつかある癒やしの要因のうちの一つの可能性にすぎない。

第4章 自身を解放することのもつ癒やしの効果

ないという事実は、治療の人為性を描き出すものであろう。この人為性は、治療において治療者が、患者と対面して座っている特定の個人として、つまり、経験的な人間や一般人として体験され、かつ、抽象的に、すなわち、魂のレベルにおいて、論理的な代理物、治療者なるもの（THE therapist）として体験されることを可能にする。つまり、心理学的差異は、まさに治療の構造や統語論にこそ内在し、ここでは、経験的－社会的レベルと論理的レベルとの差異として存在する。そして、この差異は、同じ一つのものとして体験されるので、論理的な矛盾という形式を孕む。こうして維持される矛盾はそれ自体、治療的に生産的な緊張として存在するのだ。

　治療者が、経験的なレベルにおける彼であったり彼女であったり、そうした具体的な人物であるだけでなく、参照点がもつ論理のリアルな表象であるという事実は、例えば、箱庭療法において、治療者はおそらく何も言わないし何もしないにもかかわらず、単にそこに存在しているだけで、治療的な要因でありうる理由を説明する。それは、一つの重要な癒やしの要因である治療者という観念、像、あるいは場所という、単なる、しかしリアルな現前なのである。患者がただ単に一人で、あるいは家族のなかで箱庭をしたとしても、同じような効果は得られない*36。他方で、治療中の患者は、無意識から箱庭や描画を行うことができるし、（治療のセッション外で）夜に夢を見ることもできる。さらに、治療関係の内側でそれを行うことができる。論理的な像としての治療者は、彼らが物理的に、あるいは文字通りに存在していない時でも、「魂」のなかに本当の意味で存在することができるからだ。治療関係は面接室を超えて、患者の日常生活にまで及ぶことがある。箱庭、描画、あるいは夢を見るといった活動は、面接後も治療者に係留され、治療者に向けられている。それゆえ、ただ単に自分自身とチェスをしているわけでなく、そこには外への拡がりがある。

　われわれはしばしば、治療者としての自分自身の重要性を、すなわち、自分たちが何をするか、そして何を言うかということの重要性を過大評価する。患者を、患者のこの夢を、転移状況その他を正しく理解しているかどう

63

か、自分の解釈や反応は正しいかどうか、そして、この方法や技法、あるいは、あの方法や技法を用いるべきかどうかが、治療において重大なことと考えがちなのだ。もちろん、これが全くどうでもいいというわけではない。しかし、それは、癒やしのプロセスにとって、治療それ自体の論理や構造、論理的なポジションの単なる代理物としての治療者を伴う客観的な制度や儀式としての治療よりも重要ではないだろう。やっと今、治療のなかで患者の問題の核を本当に分析していると思うことがしばしばある。そして、次には、これでは何も変わらないことがわかる。そして反対に、筆者がそれをした時

---

*36 ここで、筆者が今説明したことに反するように思える例を挙げておく必要があるだろう。それは、C・G・ユングがフロイトとの訣別の後、深刻な危機に陥った際、砂のなかで、あるいは、小石や石を使って、小屋や城、一つの村全体をつくって遊んでいたというエピソードである（*MDR* pp.173 ff. を参照のこと）。この遊びへの没入は確かに、彼にとって真の治療効果をもつものだった。しかし、この例は、筆者の主張に反するものではない。ユングは直観的に、我知らず、彼がそうであった生まれながらの心理学者として、「子どもじみたゲームに興じていた」。ユングが産み出した、このような「箱庭遊びの図」は、自己治療のもつ明確な人為性のなかで生まれたのだ。そこでは、生まれながらの心理学者としての彼が、真に職業的な治療者と患者、同時に双方であることができた。彼には——そして、これは傑出していて、本当に例外的で、絶対的に驚くべきことだが——、心理学的差異を自分自身の内側で生きている矛盾として維持することが実際に可能であった。それは正確に言えば、治療者側から患者側にスイッチして、常にまた戻ってくるという意味での偽の心理学的差異ではない（それは、それらをきちんと分離したままにすることによって、矛盾から逃れることを可能にする）。同じ治療的な人為性と「治療者」／「空想している患者」という緊張が、彼の『赤の書』に描かれたプロセスにおいても非常に明確に作動していることがわかるだろう。しかし、『赤の書』はとりわけ、彼の自己治療の限界も示している。自分自身の内側で職業的な治療者と経験的な患者との心理学的差異の緊張を保持することが可能であったにもかかわらず、最終的には、彼のこの孤独なプロセスは、「ミュンヒハウゼンの心理」としての自己治療という彼自身による批判にさらされる（先のp.54を参照のこと）。「あらゆること、あらゆる人についてはともかく、われわれは自分自身については盲目のままである」（*CW* 4 § 449）。

第**4**章 自身を解放することのもつ癒やしの効果

には、重要だとも思っておらず、実際に自分がしたことさえも今では憶えていない、些細なコメントが、患者にとって非常に重要だったり、それによってすべてが変わったということをしばしば聞かされたりもする。それゆえ、自分自身や自分が治療のなかで行っていることについて、われわれはあまり深刻に捉えるべきではない。われわれはそれほど重要ではない。いずれにしても、われわれの言動と治療の結果には直接的な関係はないのだ。

　筆者は神経症を、人がそのなかをグルグルと彷徨うことになる砂漠や原生林に擬えた。別のイメージで言えば、神経症は、上方の雲のなかに、月の上に、すなわち、単なる潜在能力の領域、夢想の国（cloud-cuckoo-land）に居を構える。これは、あらゆる観念、瞬間、洞察力が互いに中和され、何らリアルな結果をもたらさないように、すべてのものが同時にある「魂」の領域である。このため、そこには動きがなく、何も起こらない。対立物が魂のなかで共存しているのだ。相矛盾するものが相殺し合うことは決してないし、現実世界においては避け難いであろう衝突がもたらされることも決してない。魂の純粋な世界は、たとえそれが相互に排他的であっても、同時にすべてのもののために余地を残している。この領域において、動きがなく、何も起こらないのはこのためである。魂が現実に浸された時にだけ、継時性と対立物の排除が生まれる。神経症が抱えている葛藤する個々の瞬間の平和的な共存を示す一つの小さな例として、母親コンプレックスについて述べよう。ある人は自分の母親を責め（1）、しかし同時に母親を責めることに罪悪感を抱き（2）、加えて母親の弁明をし同情する（3）。対立する感情が互いに打ち消し合うことなく、同時に存在している。

　しかし、治療者をもつことで突如、リアルな相手（vis-à-vis）が心理学的に、つまり論理的に現前する。そして、これによって、雲のような魂（白き魂［*anima alba*］）とその漠然とした内容物は、月下の現実におけるアンカーを授けられることになる。このことによって、同時性としての魂の循環する時間から、線形的な継起する時間への、すなわち、〈二者択一〉への移行が可能となる。今や、時間的なものの領域もまた、心理学的に組み入れることが可能となる。

一度に一つの感情や側面を見て、それらの対立を経験する必要が出てきた時、その概念をはっきりと保持することが可能となるのだ。だからこそ、精神のなかでそれらの同時性を通して、それら相互の排他性は、何らかの種類の分解（resolution）を必要とするリアルな対立、矛盾として確かに経験されうる。

　加えて、その感情や観念の拡散した集成体は、その構成要素に、そして、それぞれの構成要素の孕む特徴的な側面に分解することが可能となる。そこでは、両価物のもつ反対の側面が実際に別の側面に配置されうるので、それらは分離して保持されうる、つまりは、治療において現前する二つの像に配分されることさえおそらくは可能となる。治療的な状況におけるリアルな相手は、そのような論理的基部構造を提供する。このようにして患者は、曖昧でないスタンスをとることを、一方の側をとり、それについて考え抜くことを強いられ、そしてそれが許される。時間の経過のなかで、それはおそらく、反対のスタンスだったり、しかし、ある時には唯一だったり、交互だったりするだろう。治療的なセッティングに内在する論理的基部構造は、対立と対面の論理と、自分自身の衝動、観念、空想と対立し、批判的にそれらを反省する能力の具現化である。神経症患者は、目撃者、すなわち、秘密を共有する人（Mitwisser）としての治療者のなかに、神経症に欠けている常に変わらずに保持される意識をもつことになる。治療者は、客観的なポジションとしての、すなわち、自分の自由にはならない相手としての、判断や真理の実例や代理人としての意識を表象する。こうして、一つの展開が生まれ、これと共に、最終的には神経症から脱出することが論理的に可能となる。

　本節の終わりに、ここで議論された治癒の要因は、あらゆるものに先行するものであり、面接室において治療者によって用いられるあらゆる手法、すなわち、彼のいかなる行いにも、治療的な手続きにも、介入にもかかわりがないということをもう一度強調したい。むしろ、有益な治療効果をもたらすのは、治療という制度それ自体がもつ静逸で不動の論理である[*37]。これが、ここで議論されている「治療者」と、第3章で見てきた「治療者」とを区別す

るポイントである。第3章では、まさに治療者の人格に焦点が当てられていた。双方に魂の代理人（vicarius animae）という肩書きは適用されるが、もちろん全く異なる意味においてである。第3章では、治療者が個人的に、具体的な状況において、患者のより深い魂が自らを表現することへの要求を受け入れられるようになる時、そして、それによって使役される時にのみ、治療者は魂の代理人となる。しかしながら、本節では、知覚できない、すなわち、ただ暗示的なやり方で、魂の代理人オフィスを客観的に構えるのは、治療的なセッティング全体の内側における治療者という抽象的なポジションである。これは正確に言えば、治療者という特定の個人が、より深い魂の感受性をもち、心理学的な現象を真に心理学的に（客観的で文化的な魂という地平の内側で）見るかどうかということにはかかわりがない。

2.「魂の」自己運動に自身を解放すること：あるいは、「魂」への内在化

　前節において、われわれはまだかなりの程度、治療の外側の縁、あるいは、その境界線のところにいた。われわれは、患者が治療に入ることを決め、治療者に心を開くことを望んでいることが、治療効果にどのような影響を与えるのかという問いに、そして、治療という制度それ自体のもつ包括的な構造の一側面、すなわち、この構造の内側での「治療者」という論理的な場所に関心を向けていたのである。今や、そのような治療への入り口は後にし、治療プロセスの内側で何が治療的に働くのか、あるいは、そのプロセス自体がどのように働くのかを見てゆこうと思う。

　ここでの主な要因は、患者のこころが治療過程に自分自身を解放することを厭わないこと（あるいは、そうであるかどうか、およびその程度）である。われわれは、一方にある治療に入り相手に心を開こうとする意志があるかどうかということと、他方にある実際の治療過程に自分自身を解放する準備が整ってい

＊37　このことが、他の特徴に加えて、治療に儀式としての特徴を与えている。

るかどうかということを区別しなければならない。患者のなかには、定期的に治療のセッションに通い、そうして通って来るために、おそらくは、それなりの実際的な犠牲（けっこうな費用がかかるとか、住んでいるところから長い時間をかけて来談するとか）を払っているにもかかわらず、本当に治療のなかに入ろうとしない人がいる。そういう人たちは、泳ぎ方を習いたくてプールに来たが、水に入りたくない、濡れたくないという人に似ている。

　しかし、治療において最も重要な治療的要因の一つは、まさにこの濡れること、この水に飛び込むことなのである。錬金術には、この重要な動きを表すイメージとして、浴槽に飛び込む、もっと正確に言えば、そこに沈み込むというイメージがある。それは客観的な魂、すなわち、イメージの世界に浸ることである。人は泳ぐ際、自分自身を水という成分が運ぶに任せる。水という成分についてわれわれは、それがそこに立って歩けるような堅固な地面ではないことも、足を乗せると崩れ、そこに体が沈み、溺れてしまうかもしれない、そんな成分であることも知っている。泳ぐためには、その世界と向き合うために、顔を上げて直立したいという願望を捨て、そのことで自身の自我のコントロールを犠牲にしなければならない。その代わりに、そのような不安定な成分の表面に自分の身体を伸ばして平らに横たえる必要がある。そうして次には、水のなかに入った時には沈んでいた、その同じ身体が水によって支えられ運ばれるという奇跡を体験する。

　立っている状態や歩いている状態から泳いでいる状態への移行の根底には、三つの点から説明することのできる論理的な革命がある。第一は、不安定な水面が支持する地面に変わるということである。第二には、意識と身体の関係が逆転する。通常、意識は身体の上にある。泳ぐ時に、水に浮くことを可能にするのは身体（意識ではなく）なので、身体が優位なポジションとなり、意識は「内側性 (in-ness)」という劣位なポジションとなる。第三には、沈んだり溺れたりする原因となるのは、まさにそのようなわれわれの部分、すなわち、重さと物質的な実体をもった肉体であり、それがまさに水に浮くための道具に変えられる。意識、すなわち、精神は、実体のないものであるこ

とによって、沈むことはできないが、また、われわれを水に浮かばせることもない。

　患者は、水に浮かび泳ぐ方法を学ばなければならない。言い換えれば、彼、あるいは彼女のこころは、客観的で明白に自律的な運動としての治療のプロセスに身を委ねなければならないのだ。患者は、立っている、あるいは歩いている自我として、直立して顔を上げたままの姿勢で、治療を経験したいという願望を捨てなければならない。患者は、自分自身を放棄し、自分自身とすべての意識的な関心を忘却できるようになる必要がある。そこでは、そのプロセスが、この不安定で予測不可能な要素が、自分たちの支えとなり、か・つ・、こころをそ・れ・が望むところに強制的に運ぶような流れとなることを許さねばならないのである。患者は、イメージやファンタジー、そして感情が意識を包み込むのを許さねばならない。ここでは、自律的なイメージの世界の、すなわち、非自我的なイメージの流れのなかへの意識の沈み込みについて語ることができるだろう*38。ユングはこのような流れを「客観的なこころ(objective psyche)」と呼んだ。このような泳ぎが起こるところには、「アニムス」と対置される「アニマ」の世界において主として生じる一つのプロセスがあり、それは、ヒルマン的な意味においては、「魂づくり(soul-making)」と呼ぶこともできる。それは、「魂」への *Er-innerung*（内面化）、あるいは、反映のプロセスである。

　先に、治療の客観的な構造と治療者の論理的な場所こそがあらゆる治療者

---

*38　非自我的で自律的なイメージは、意識的な精神や自我人格のイメージ、表象、観念、すなわち、その人自身の思いつき、想像、連想とは区別されねばならない。錬金術はこの意味で、真の想像力（*imaginatio vera*）と空想的な想像力（*imaginatio phantastica*）を区別した（*CW* 12 § 360 を見よ）。イスラム哲学が専門であるアンリ・コルバンもまた、真の想像力（独自［*sui generis*］の現実としてのイマジナルなものの領域に由来する想像）と、単なる主観的な虚構である個人的なファンタジーとをはっきりと区別した。

による治療的行為以前にある癒やしの要因であると指摘したのと同じように、われわれが何をするか、患者が何をするかではなく、この客観的なプロセスそれ自体が、最も重要な癒やしの要因であることをここでは強調しなければならない。ここで再び、魂の自己制御に焦点が当てられる。

　しかし、そのような「魂」への内面化は、すべての場合に適してはいないし、可能ではないことは明らかである。例えば、境界例の患者がこのような方向に進んだり、このような方法で救われたりすると期待するのは間違いだろう。これがここで付け加えておきたい注意点である。ここで二つ目のポイントとなるのは、患者が泳ぎ始めたら、それで十分というわけではもちろんないということだ。治療者も同じことをしなければならない。治療とは基本的には、一つの即興であると理解すべきなのはこのためである。即興とは、技法や専門知識の適用とは正反対のものなのだ。

　治療者である私は、分析のセッションでは、専門家や専門職として現前しない。私の車の整備士、歯医者、医者には、それぞれの分野での専門家であることを期待する。私の患者も、分析家としての私に専門家であることを期待しているかもしれない。しかし、必要な知識や技術がないからではなく、方法論的な理由で、私はそのような期待を裏切らねばならない。治療者という職業に忠実であるためには、この治療的な状況の現在のなかに、例えば、この夢のイメージのなかに、自分自身が落ち込んでゆくに任せねばならない。そして、現在に落ち込むことで、私はもはや専門家ではなくなる。現在は全く新鮮で、新しく、ユニークで、それゆえ無限である。本当に私が現在に自分自身を落ちてゆくに任せるのなら、何もかも準備を整えてそこに至るわけではなく、それに不意打ちされることだろう。知っていてそうなるわけではない。それゆえ、即興しなければならないし、帽子から何かを引っ張り出してこなければならない。この「帽子」は、私自身であり、私の人格であり、期せずしてそうであるところの私である。私は前面に進み出るよう呼び出され、そこで存在を示さねばならない。私は自分が何者であるのか、私における何であるのかを示さねばならないのである（先の第2章・第3章を参照のこと）。「技は

第4章 自身を解放することのもつ癒やしの効果

全人を必要とする（*Ars requirit totum hominem*）」と錬金術師たちは言った。

　専門家は、問題と呼ばれるものに焦点を当てる。そして、問題とは、論理的に言えば、専門家の知識によって完全に包囲された現象であり、「攻撃」ではないにしても、この知識の助けを借りてその問題に取り組むことになる。それとは対照的に、現在は私を取り巻いている。結局のところ、私はそのなかに自分自身が落ち込むに任せているのだ。治療者にとって、夢のイメージや困難な治療的状況は、今述べた意味での「問題」では決してない。専門家は自分の主観を除外することができるし、さらに言えば、そうしなければならない。その専門家のやり方が、自らの研究のなかで得た専門的な知識とスキルのその問題への適用であるならば、そうであるがゆえに、彼の主観は巧みに回避される。治療において治療の専門家は、自分自身を適用するのではなく、自らの所属する心理学の学派によって確立された、原則的には抽象的な理論を、すなわち、面接室で仕事を始める前に彼がそこにもち込んだ理論を適用する。このように専門家は、ある意味では、与えられた知識の体系と手元にある特定の問題との間、すなわち、具体的な心理現象によって現在提起されている新たな問いと精神分析理論によって提供されたすでに利用可能な答えとの間を、単に仲介する者として存在している。しかし、真の治療者としての私は、自分自身を除外するわけにはいかない。私はいつも私の答えを出さねばならない。自分の知識ではなく、自分自身を状況に適用する必要がある。私の人格、すなわち、人間としての私が唯一、真の治療の道具であるからだ。ここでは別の文脈からのユングの引用を以下の通り修正しよう[*39]。私の答えが正解かどうか、良い答えかどうかは問題ではない。問題は、それが私の答えであり、全人（*homo totus*）の応答としての私の最高の理解であるということなのだ。

[*39] 筆者が言及しているのは、『自伝』の「プロローグ」にある、以下の記述である（*MDR* p.3）。「私ができるのは『物語を語る』ことだけです。その話が『本当』であるかどうかは問題ではありません。唯一の問題は、私の語ったのが私の物語、私の真理なのかどうかということなのです」。

私が自分の知識や理論や技法を適用する専門家ではないのと同じように、患者もまた、慣習的な専門用語に反して、一つの症例などではない。症例とは常に、一つの種概念や普遍的概念に該当するような特異性であると考えられている。われわれが心理療法において何にもまして取り扱っている種概念や普遍的概念は診断であろう。診断とはすべからく、抽象化されたものであり、空中にある無味乾燥な構造物である。それは患者に投影され、ひいてはその下部に患者が包摂されることを意味する。ユングはかつて、心理学の観点から、明確に、そして見事に以下のように述べている。「私は統計的な数字で考えることを自らに禁じています。それは判断力を損なうからです。私はすべての症例を可能な限り個別的に扱います。なぜなら、その解決は、個々の症例においてのみ可能なのであって、一般的な法則や方法によっては決してもたらされないからです」(Letters 2, p.455, to Jeffrey, 18 June 1958)。そして、とりわけ心理療法における診断については、以下のような、より長く本質的なユングによる記述がある。

　　……診断は、ある神経症的な状態[*40]に大なり小なりまぐれ当たり的なラベルを貼る以外には、とりわけ予後と治療に関しては、それによって得るものは何もない。医学の他の領域とは明らかに対照的だが、どんな特定の精神神経症の診断が下されたとしても、それが意味するのはせいぜい何らかの形態の心理療法の必要性が示唆される程度のことである。予後に関して言えば、それは最も高い度合いで診断とはかかわりがない。また、われわれは神経症の分類は極めて不満足なものであり、だからこそ、ある特定の診断が何かリアルなものを意味することはめったに

[*40] ところで、これは、ユングが「神経症的」という言葉を、広く心理学的な障害をただ単に指すものとして、一時的なものであって完全に特定的ではない意味で、いかによく用いていたかがよくわかる例であろう。また、同じ引用文の数行後では、「精神神経症」が「器質的障害」ではない障害の総称として用いられていることがわかる。

第4章 自身を解放することのもつ癒やしの効果

ないという事実をごまかすべきではない。一般的に言えば、いくつかの器質的な障害とは異なるものとして、「精神神経症」を診断することで十分である——その言葉の意味するのはそれ以上のものではない。筆者は長年の経験から、特定の神経症の診断を無視することに慣れてはいるが、他方で時折、いくらかの言語依存によって特定の診断を患者に申し渡すことを強いられる際、困惑している自分に気づくことがある。このために必要とされた、ギリシア語とラテン語の複合語は、今でもなお少なからず市場価値をもっているし、しばしばそれゆえに欠かせないものとなっている。

そうした注文に則した (*secundum ordinem*) 声高な神経症の診断は、単なる玄関口にすぎず、それは心理療法家の真の診断ではない。治療者が特定の事実について立証することは、医学的というよりも心理学的な性質をもっているが、おそらくはそれが「診断」と呼びうるものなのかもしれない。……重要なのは、われわれが扱っているのが、臨床的な疾患ではなく、心理学的な疾患であるということなのだ。……(*CW* 16 § 195 f.)

心理学的な事実は、「臨床像によって明らかにされるよりも、隠される可能性がはるかに高い」(*ibid.* § 196)、そして「臨床的診断は、彼（心理療法家）の目的にとっては、ほぼ無意味である」(§ 198)。真に心理学的なスタンスにおいては、患者は自らの独自性と特異性をもった個人と見なされる。これには、以下のことのみ付記する必要がある。すなわち、DSM-IV (DSM-5)、あるいはICD-10の診断は、全く医学的で、抽象的で、かつ思慮を欠いたものではあるが、心理療法家の間でさえ、それらがもつかなりの市場価値はまるで減じられてはいないのは明白であるということだ。

真に心理学的なアプローチは、患者を独自で特異性をもった個人[*41]として捉えると今しがた述べたが、これはユングのよく主張していたことでもある（例えば、先に引いた「われわれの最も私的で最も主観的な生活」[*CW* 10 § 315] を見よ）。筆者が考えるに、そのことによって、ユングの全体性としての人格（これもまた一

つの抽象物だが）についての主張を超え、心理療法家は〈現在〉に焦点を当てる必要さえある。つまり、この具体的な心配や状況、このコンプレックス、この夢、このトピックが今ここに、面接室において存在することになる、ということだ。これが〈各々性 (Eachness)〉である！

　しかしながら、治療において即興をしなければならないことが意味するのは、ただ単に、生まれたままの、あるいは通りすがりの、すなわち、何の知識も訓練もない私が治療者としてやっていける、ということではない。即興は、修練を積み訓練された精神によって行われるべきものである。専門的な知識や技法をできるだけ多く身につけることが、治療者の責任であることに変わりはない。しかし、〈現在〉に陥るということが意味するのは、この知識を止揚された知識に、すなわち、自分自身という止揚された契機に変えることである。そのことによって、主観性としての自分自身を回避し、手元にある話題に技術的に適用されるのではなく、私を通過し、真の私、私の真実性、すなわち、私がそうであり、それゆえ、抽象的な理論であることをやめた全人 (homo totus) において具現化されるという条件の下でのみ、私の知識は、そこに参入することが可能となる。あるいは、精神における「アナムネーシス (anámnēsis)」というプラトンの考えのなかに働いている論理によって、「存在以前 (pre-existence)」（つまり、今日面接室に入る前）に獲得した理論的な知識が完全に忘れ去られ、患者が今ここでわれわれに提示した手元にある心理学的な問題のなかに苦労して新たに再発見されなければならないという条件の下でのみ、われわれの理論や専門的な知識は、十全に活動し始めると言えるだろう。ユングがすでに述べているように、「『象徴についてできるだけ多くのことを学び、一つの夢を分析する際には、それをすべて忘れなさい』」(*CW* 18 § 483)

＊41　筆者が思うに、すべての心理療法家が、患者もまた独自性をもった個人であると言うだろう。しかし、それにもかかわらず、心理療法的な思考は概して、医学的で臨床的な様式によって情報を得ており、「症例」と「診断」という見地からなされる。

第4章 自身を解放することのもつ癒やしの効果

ということなのだ。

　非常によくあることだが、流れのなかで泳ぐことは、まずは治療者によって始められねばならない。筆者の経験では、少なくとも西洋においては、患者の多くはこの種の泳ぎから遠ざかっている。そして、患者が夢に対して、むしろ自我を指向し、硬直的に現実を指向したアプローチをしようとする際には、筆者の夢への反応の仕方によって、患者が自分自身を泳ぐモードに入らせるために与えられたその実例によってゆっくりと感染し、招かれ、誘惑されたと感じることを願い、彼らに代わって筆者が泳ぐことを始める必要があることをしばしば経験する。筆者はそういう類いの雰囲気を生み出したい。しかし、理想的には、そして後には願わくは実際に、この泳ぐことは相互的な仕事となるべきだろう。

　このようにプロセスに自分自身を解放することは、各々性（eachness）、その都度性（Jeweiligkeit）の感覚なしにはありえない。今この瞬間に、ここにあるこの特定のイメージに、昨晩見た夢に、今日置かれた箱庭に、この現在の人生の状況に、私はもの言わねばならない。まさにそれ！　これこそが重要！　今はこれ以外には何も存在しない。治療のプロセスに身を委ねるには、プロセス全体を俯瞰することへの関心を放棄する必要がある。地図はいらない。いや、地図をもちたいと思うべきではない。プロセスを理解する必要はない。道筋やプロセスの段階を見て理解するために、地図を望むことが示唆するのは、プロセスの上部に抽象的な位置を占め、外からそれを見下ろしたいということなのだろう。それとは逆に、プロセスをそれ自身の赴くままに任せ、自分自身を排他的にその現在に委ねなければならない。私は、自らが〈現在〉に没入する程度に応じてプロセスのなかにいる。なぜなら、プロセスは他でもない、〈現在〉の自己運動であるからだ。〈現在〉が変わるなら、プロセスはそれに続く。そして、〈現在〉は、それが正当に評価され、実現され、使い尽くされる程度に応じて変化する。ここには一つの弁証法が存在する。プロセスではなく、ただ〈現在〉にだけ関心を払えば払うほど、プロセスは生き生きとする。私の仕事は全身全霊で、強い情熱をもって、自分自身を〈現在〉に捧

げることであり、その動き、その展開の世話をするのが「魂」の仕事なのである。

　つまり、このことは、直前の、あるいはそれ以前のセッションであったことにしがみついてはいけない、ということを意味している。それを手放し忘れなさい[*42]。理想として言えば、あるセッションで起こったことを記録すべきではない。このように各セッションについて記録を書くことは、コントロールしたいという自我の願望に由来している。治療的には、それは逆効果である。考証の必要はない。自らの症例を文書化しておきたいという願望は、プロセスを信用していないということを、それに身を委ねていないということを示している。理想的には、症例報告や症例研究はないことが望ましい[*43]。なぜなら、症例研究は、〈現在〉のプロセスから抜け出すのを手助けするからだ。一度鋤に手をかけたら、振り返ってはいけない。もし前回のセッションが記憶に残らないのであれば、それを無理に記憶に留める必要はない。「魂」は、ムネモシュネ（Mnemosyne）とレスモシュネ（Lesmosyne）の、すなわち、記憶と忘却の結合なのだ。われわれにとって忘却は、記憶とまさに同じほど重要である。忘却は単なる事故や欠損ではなく、心理学的に見れば、ジェイムズ・ヒルマンが指摘したように、生産的なもの、つまり、魂による産物なのである。人はこう言うかもしれない。しかしそれでは、連続性はどうなるのか、と。確かに連続性は重要である。しかし、その連続性とは、切れ目ない展開に関する自我の抽象的な観念、すなわち、地図上に引けるような線であるべきではなく、私が自分自身を〈現在〉に委ねることで、そのプロセスの連続性を保証するようなものでなければならない。そして、そのような連続性の場

＊42　ウィルフレッド・ビオン（Wilfred Bion）も、あらゆる治療のセッションを新たに、つまり、記憶なしに始めることを提唱している。

＊43　それに対する唯一の言い訳は、いわゆる乾ドックでの精神の鍛錬であろう。しかし、乾ドックは、それを完全に後にして海に船を託すという目的のためにだけ存在している。

所は、われわれ自身でも、われわれの精神的な理解でもなく、リアリティーに、魂のリアルな生命に、プロセスそれ自体に存するのだ。

「魂」の自己運動に自分自身を解放することを中心とした治療の方法論に関して言えば、ユングがファンタジー・イメージについて次のように述べた事柄がその金言に当たるだろう。「結局のところ、そこに属さない何ものも外側からもち込んではならない。なぜなら、ファンタジー・イメージは『必要なものをすべて』自らの内側にもっている」(CW 14 § 749. この言葉は先にもすでに引用した)。これを敷衍すれば、以下のように言えるだろう。〈現在〉は、それがどんなものであれ、必要なものすべてを自らの内側にもっている。このことは、〈現在〉は、抽象的な現在、すなわち、時間軸上のポイント(あるいは、短い一続きの時間)ではない、ということを意味している。筆者は先に、前回のセッションにしがみついてはいけないと述べた。前回のセッションであったことや、患者の経歴や以前に見た夢の詳細を忘れても気にすることはない。これについては、以下のように説明できる。自らが必要なものをすべてその内側にもっているのが〈現在〉であるならば、自らにとって重要な事柄に関する記憶は自らが携えてくると言えるだろう。記憶の真の心理学的な座は、自我ではなく、〈現在〉なのである。〈現在〉が想起するのであって、私ではない。そして、その記憶が実際に〈現在〉の内側から、この夢の内側から、患者が今しがた語ったこの問題の内側から到来する場合にのみ、それは、心理学的に妥当性をもつ記憶となり、本質的に外側からとってつけられた連想や抽象的な解釈ではなくなる。

アメリカはかつて坩堝と呼ばれていた。なぜなら、世界各地から集まった人々がそこに住み、彼らがもち込んだ国民性や民族性がいわば溶け合うことで、彼らは真のアメリカ人になることができたからだ*44。このイメージに各々性(eachness)、その都度性(Jeweiligkeit)という考えを適用し、〈現在〉は坩堝であると言いたい。記憶、知識、観念といった形で、「自宅から」、すなわち、自我意識から、治療のセッションのなかに、あるいは、この夢にもち込まれるものは何であれ、それらが忘れ去られ、〈現在〉の内側から再生するために

は、〈現在〉のなかにすでに溶け落ちている必要がある。〈現在〉は今や、坩堝であり、器 (*vas*) なのである。

　もし治療がこの種の治療であるならば、ユングがかつてある書簡のなかで書いていたことが当てはまるだろう。「分析家にできる最善のことは、このプロセスの自然な進展を邪魔しないことです。それについての私の見解と言うべきものは、言葉という形で変容の非常に神秘的なプロセスを表現する貧弱な方法にしかすぎず、その本質を素描する以外の目的に奉仕することはありません」(*Letters 2*, p.583, to Smith, 16 August 1960)。書簡のなかの別の引用がここでは再度思い起こされる。「意識に相対し、無意識のうちに生きることを学ばねばなりません……」(*Letters 2*, p.386, to Vijayatunga, August 1957)。この最後の引用を当てにしてはならならないことは確かである。われわれ現代人が無意識のうちに生きるのが妙案かどうか、筆者には確信がない。しかし、筆者がここで述べてきたような治療にとっては、このことは非常に理に適っている。無意識のうちにプロセスに奉仕することは、各々の〈現在〉に自分自身を委ねることを単に意味しているのであって、意識や知性を手放すことを意味しているのではない。

　　　筆者が、ユングの「分析家にできる最善のことは、このプロセスの自
　　　然な進展を邪魔しないことです」といった類いの言葉を一つの万能薬、
　　　普遍的な治療法と見なしていると考えるのは誤解である。治療者のより
　　　積極的な役割を必要とする治療や治療の状況は存在する。とりわけ、分
　　　析家が患者に対して強い感情を示すことの重要性については、筆者はこ

---

*44　残念なことに、ここ数十年の間にアメリカは、民族的同一性の多様性、異なる言語の並列性、集団に特有の感性に注意を払うことを原理・原則として主張しないまでも、それを許容し大切にすることをやめてしまった。つまり、坩堝であるという考えを放棄してしまったようである。心理学的に言えば、これは真の適応の必要性とそのような課題に対する自我の抵抗であろう。

の文脈で考えている。患者に直接的に怒り、憤慨しさえすることが、特別な状況においては時に必要な場合がある。なぜなら、情熱的な感情の熱だけが特定の状況における特定の患者には届くからだ。あるいは、患者が見た夢のなかで、彼自身にはあまり語りかけてこない夢について、治療者が自らの喜びや興奮をもって感情的に治療状況に参入することが必要であり、助けになることもある。しかし、そのようなケースは、この章の表題の下には属さない。

　それゆえ、筆者はユングが以下のように述べていることに同意する（*MDR* p.142）。「医師や心理療法家は、患者やその気持ちに合わせて『同伴する』ことを求められることがよくある。私はそれが常に正しい道だとは考えていない。時には、医師の積極的な介入が必要とされることもあるということだ」。

　時には！　しかし、どんな時にはすべきで、どんな時にはすべきではないのか。この問題について根拠のある判断を下すには、分化した感情機能、深く、半ば「本能」的な心理学的な感受性、心理学的な機転、そしてユングがかつて「より精妙な知性」（*Letters 2*, p.410, to Kling, 14 January 1958）と呼んだもの、そして「こころの知性」（*CW* 8 § 543）が必要となるのだろう。

治療のセッティングと転移についての追記

　本章の1では、「魂」の運動に自分自身を委ねる際、他者に自らを任せることについて述べた。そこで触れたような転移関係はむろん、深められ、それどころか、それはそれ自体へと内在化される。ここにおいて、転移関係はそれ自体へと帰還するのである。それゆえ、フロイト派とユング派の治療のセッティングの違いや、そこから見えてくるそれぞれの長所や短所について吟味しておくのはよい考えであるように思う。

　正統なフロイト派のセッティングの特徴は、患者がカウチに横になり、治療者が椅子に座っていることである。治療者は患者を見ることができるが、患者は、自分の背後に治療者が座っているため、その姿を見ることができな

い。このようなセッティングが、心理学的差異とともに、回避性という性質を表すことは明らかである。これらは同じく、患者と治療者の間の非対称的関係のなかで自らを表現する。分析家が患者には見えないという事実は、空想や連想の自由な流れを促進する。そのように目に見えない分析家は、転移というファンタジーにとって理想的な投影スクリーンとなるのだ。

　それに対して、ユング派のセッティングにおいては、心理学的差異は表現されない。治療者も患者も対面して座り、少なくともこの点においては、対等な両者の間の対称的関係という印象が醸し出される。このことは、分析家がはるかに高い度合いで、自らの具体的な人間性において、自らがそうであるところのリアルで経験的な人間として、患者の精神に現前するという効果をもつ。加えて、ユング派の分析家は概して、治療のなかでの自らの発言について、はるかにより無頓着であると言える。彼らはそのコミュニケーションにおいてはるかにより開放的である。分析家は、いくらかの思慮深い介入や解釈のみに限定されるものではない。当然のことながら、セッティングにおけるそのような本質的な違いによって、異なる結果がもたらされる。その結果とはどのようなもので、心理学的にはそれはどのように理解されるべきなのだろうか。とりわけ、ユング派のセッティングが心理学的差異を表現しないのであれば、そこでは、この差異は中和されてしまっているのだろうか、それとも、完全に無視されてしまっているのだろうか、ということを問う必要がある。

　フロイト派のセッティングでは、心理学的差異は具体的に実演され、目に見える形で提示される。つまり、それは行動化され、そのことによって実体化されている、ということである。この差異は、現実の二人の人間に分配されている。被分析者は、このセッティングにおいて、唯一経験的にリアルな個人を表している。それに対して、分析家は、物理的には存在しているが、患者の後ろに見えないように座っていて、文字通り、一つの神秘を表している。言い換えれば、患者は、心理学的差異の経験的・事実的な側面を表し、分析家は、魂の側面、その不可視性と空想的、あるいはイマジナルな性質を

体現する、もしくは、その代替物なのである。このセッティングの孕む弁証法は、魂の神秘というレベルは、それが分析家というリアルで経験的な個人によって具体的に表現されるゆえに、自動的に具体化され、必然的に人格主義化されることになる、ということであろう。その神秘は、事実に基づく現実のなかに経験的に実在する人間であることがわかっている分析家に投影されるもので、それ自体、経験的(経験的な「神秘」)である。逆に言えば、彼がそうであるところの実在する個人としての経験的な分析家が、患者の転移というファンタジーによる神秘化の対象となる、ということなのだ。このように、まさにその不可視性や回避性、すなわち、魂の側面がもつ否定性が、現実的なレベルに、個人的なレベルに投影されるというのが、このセッティングの論理である。背後にいて見えないリアルな私の分析家についての私のファンタジーがそこにはある(私の背後にいて見えない=神秘的であるにもかかわらず、彼が結局のところ、実際に存在し、普通の人間であることを私は知っている)。人格主義化し経験主義化されたこのような神秘は、単に空想的なもので、今やそれが魂の絶対的否定性を代替することになる。フロイト派の精神分析が「対象関係」に焦点を当てるという事実は、このセッティングのもたらす論理的帰結なのだ(逆に言えば、このセッティングが「対象関係」の一つの帰結である)。

　それゆえ、このセッティングは、患者が経験的に、転移というファンタジーの無限の開放性とシニフィエの無限の連鎖のなかへと自分自身を解放することを可能にする一方で、そのファンタジーを人格主義的な枠組みのなかに注ぎ込むことで論理的に閉じ込める。それゆえ、自由連想に自分自身を経験的に解放することは、それに相当する論理的な解放を伴わない。自分自身を解放することは、ここでは経験的な行動であり、文字通りの実践(自由連想という技法)であるが、この実践を行うための論理的枠組みは、先験的に設えられ閉じられている。それが対象関係である。「魂」は、リアリティーという堅固な大地を論理的に後にし、その本来の構成要素へと、すなわち、水の流動性へと飛び込むことを許されていない。セッティングは、「魂」の不可視性を自分自身のなかに吸収し、それによって経験的・実践的なレベルでその世

話をしようとする。それは、論理的な魂のレベルを経験的に行動化すること
で、そのような魂のレベル（と心理学的差異のレベル）を始末する身代わり
(*phármakos*) として働くのだ。それによって、治療の状況とプロセスの双方が、
「魂」という神秘性の領域に論理的に参入する必要性から解放され、論理的に
そこに入ることは阻止される。ここでは、神秘は単に、意味論的なもの（空想
的な転移想像物）、あるいは、実践的・技法的なもの（セッティング）に留まりうる。
それは、統語論的にはなりえない。このことは、通常の経験的なリアリティー
のレベルが、論理的にも統語論的にもそれ自体として他のレベルとしての
「魂」のレベルを支持しつつも、決して超えられないことを意味している。意
識の論理、あるいは、自らの世界観には破綻は生じないとも言えるだろう。

　では、ユング派のセッティングを見てよう。このセッティングでは、患者
の目の前に分析家がいる。分析家は、その具体的な人間的、あまりに人間的
な性質において、彼がそうであるところのリアルな個人として見られてい
る。このセッティングにおいては、通常のリアリティーと対等な人間同士の
普通の人間関係のレベルが維持されており、その形態には何ら神秘的なもの
はない。これは物語の一方の側面である。もう片方は、そのセッティングの
外的な（字義通りの）構造（統語論）が通常のものであるにもかかわらず、二人の
人間の実際の関係は、先に述べたように、患者と分析家の間の本質的な非対
称性によって特徴づけられている、ということである。それゆえ、ここでの
状況はそれ自体矛盾している。目に見えるセッティングが、その状況が孕む
実際の論理と相矛盾しているということだ。このような矛盾という形態のな
かに、心理学的差異は真に存在する（心理学的な方法で存在する）。心理学的差異
は内面化されたもので、もはや外在する技法的な布置や行為ではない。

　正確に言えば、個人的なレベルには、神秘は積み込まれていない（個人は「た
だそれだけ！」である）ゆえに、実際の神秘の領域が開かれる。その差異が文字通
り行動化されると、逆説的に（あるいは、弁証法的に）それは平準化される。神秘
の側が本当に、すなわち、論理的、あるいは統語論的に神秘的なまま取り置
かれず、（夢想された、あるいは完全に空想的な）経験的行動や事実として具体化さ

第4章 自身を解放することのもつ癒やしの効果

れてしまうからだ。そうすると、双方の側が、統語論的には同じレベル、すなわち、外在的なリアリティーのレベルで立ち現れることになる。そこでの差異は、同一平面上の位置の違いに還元されることになるが、他方それは心理学的差異として、二つの異なるレベルの間の統語論的な差異であり、リアルな他者性としての差異である。それは、かつての神々が神の観念として意味論化されたことで、一方にある神話的、あるいは神的な領域と、他方にある経験的な人間の領域との間の差異が、現代の宗教学においていかにして失われてしまったか、ということと似ている。神話的、あるいは宗教的な観念が、経験的・事実的ではなく、非合理的なものに関する観念であることは確かだが、これらの観念自体は、合理的なものと全く同じだけ、経験的な事実でもある。そこでは、矛盾が解消されてしまっている。二つのレベルの間の矛盾が抱えられる場合にだけ、心理学的差異は、心理学的にリアルなもの、すなわち、気化されたもの、蒸溜されたもの、論理的なものになりうる。

ユング派のセッティングでは、分析家は患者の眼前に、実在の経験的な人間として存在するわけだが、それでも患者は、空想的な転移というファンタジーを発展させる。すなわち、そこでの分析家の姿は、それ自体として異なる、矛盾したものなのだ。ファンタジーがあり、かつリアルな分析家がいる。分析家の内側に、実在する分析家と実在でない分析家との間の差異が開かれる。ファンタジーが示しうるのは、経験的な世界の、あるいは文字通りの分析家ではない。分析家の通常性のなかに彼、もしくは彼女を見ているからだ。とは言え、そのファンタジーは強力で、全くもってリアルで、拭い去ることができず、分析家を真に示している。このようにして、患者の経験は、経験的なレベルを超えて、転移というファンタジーの真の座として、別の目に見えない、触知しえないレベルへと追いやられる。それは、客観的で自律的な魂のレベル、あるいは、魂の内面性のレベル、それ自体であるものとしてのイメージやイメージのプロセスのレベルとも言えるだろう。

このようにして、心理学的プロセスは自分自身に帰還する。転移というファンタジーは自分自身になる。私は患者として、真に、そして完全に「魂」

の自己運動に自分自身を解放する。なぜなら、この解放は単に自らの主観的な行動であるわけではなく、客観的には、イメージのプロセスそれ自体に起こったことでもあるからだ。「魂」は、論理的に、理論的に解放され、自由にされ、開かれ、それゆえに、それが望むものであることができる。すなわち、常識的なリアリティーの限界に囚われず、人格主義的な相互作用や「対象関係」のレベルに抑制されることはない。「魂」は、分析家や他のいかなる経験的なリアリティーとも結びつけられることはない。もしそうなれば、そのことによって経験的なものが神秘化されることになる。転移というファンタジーは、実体的であることを、実体化されることをやめ、論理的に否定的になるとも言えるだろう。「魂」の自己運動へ自分自身を完全に解放することは、客観的なプロセスそれ自体を「魂」の論理的生命のもつ否定性へと解放することをも必要とする。ユング派の心理学に対象関係という用語が不要なのはこのためである。対象の占める場所は、心理学的な〈非－私〉、すなわち、イメージのプロセス、「魂」の論理的な運動、それらあらゆるもののもつ大いなる多様性によって占められている。

　これまでのところで筆者が示したのはただ、分析家が自分自身のなかでどのように矛盾したものになるかということであった。しかし、患者にも同じことが言える。患者は、そのプロセスが進行するなかで自分自身を、実在する心理学的差異として、自分自身とそうでないものとの間の矛盾として体験することになる。

　ユングが『転移の心理学』で、四位一体という形で治療における転移状況を描き出そうとした理由はここにある。

　この図はもちろん、ユングの対立性的なアニマ／アニムス理論の骨子を

担っており、一つの視覚化として、心理学的差異を適切に表現するには、あまりにも空間的、かつ図式的である。それでも、この図は、心理学的差異と、その結果として生じる転移関係は複雑なものであるという第一印象を与える。状況はそれよりはるかに複雑となった。つまり、構成する要素が二倍、あるいは四倍になっているのだ。ただし、それは模式図であるゆえ、その帰結として、状況を字義化し具象化し、そして、具体化するようわれわれを誘うという危うさを伴う。しかしながら、そこには実際に四つのものが存在するわけではない。アニマやアニムスは実在する存在ではない。そこに存在するのは二人の人間だけである。アニマとアニムスは、この図においては、心理学的差異の表現、つまり、二人の実在する個人が実体的・事実的にそうであるもの（生物学的組織体、実在の人間、一般の人間）には限定されないという事実の表現である。しかし、それはまた、内的な無限性の表現でもあり、さらには、これら二人の人間もまた自らを自己矛盾として体験するという事実の表現でもある。もし彼らが外から自分自身を認識するのではなく（空間のなかの二つの異なる存在や物のように）、自分自身を自らの本性のなかへと内面化し、自らが存在するところの論理的内面性へと自分自身を解放するなら、彼らは彼ら自身として心理学的差異であること、すなわち、私であり、同時に私ではないことが明らかになる。もし、治療において、二人の人間が自分たちの内在的矛盾性のなかでそのようなものとして互いにかかわり合うなら、このことはその関係をかなり複雑にするだろう。

　ユングが『賢者の薔薇園』というテキストを用いて説明したように、この結合のプロセス全体もまた、論理的に解放され、開かれなければならない。われわれはそれを実在の患者や治療者としてのわれわれに投影してはならないし、それを実在する人間としての患者やわれわれ自身に詰め込んではならない。言葉を換えれば、そのモデルの王と王妃と、われわれ自身と患者とを混同することがあってはならない、ということである。王と王妃は解き放たれなければならない。彼らを人格主義的なレベルにおいて実在する分析家と患者の単なるアレゴリーに引き下げることがあってはならないし、逆にわれ

われは、これらのイメージの元型的でヌミナスな装いを自ら身に纏うことがあってもならない。ユング派的な意味での結合（coniunctio）、すなわち、転移は、一つの対人関係ではないし、現代において間主観性と呼ばれているものにかかわるような人間の相互作用でもない。むしろ、治療において実在する二人の人間というのは、正確に言えば、われわれの感情や体験ではないし、われわれのかかわり合いでもない、本質的には遠隔的で心理学的なバックグラウンドプロセス（background process）のための単なる記号、あるいは経験的な裏づけである。「結合」は、論理的に否定的であり、メルクリウスにおいて、すなわち、「魂」の客観的な論理において生じる。それは、私個人と他の個人という経験的なレベルにそれを縛りつけるという試みを諦める程度に応じてしか、すなわち、私がただ自分自身以上のものに、このリアルな経験的人間（「ただそれだけ！」）以上のものになることを望まない程度に応じてしか、存在することができない。

　これらの思考は、真に心理学的な思考にアクセスできるか否かという問いに対する試金石、あるいは、分水嶺（Scheidewasser）として働きうる。

　パリスとヘレナの登場場面でのファウストの振る舞いに関して、ユングが行ったファウストの姿への批判についても、同じことが言えるだろう。ユングは以下のように言う。「中世の錬金術師にとって、この挿話は、レトルトのなかの……太陽（Sol）と月（Luna）との神秘の結合を表していたのだろう。しかし、ファウストの姿に扮した現代人は、……パリスや太陽の位置に自分自身を据え、ヘレンや月、彼の内なる女性的な片割れを手に入れる。こうして、実際には客観的なプロセスである結合が、錬金術師の主観的な経験となる……。それを認識するどころか、彼自身が劇中の人物になってしまう。ファウストの主観的な干渉には、プロセスの実際の目標、すなわち、腐敗しない物質をつくり出すことを見失わせるという欠点があると言えるだろう。……心理学者がファウストを批判する所以である」（CW 12 § 558 筆者改訳・傍点）。

　われわれの文脈で言われている内面性は、内観とは何の関係もない。内観においては、私は自分自身を経験的な個人、存在する実体、あるいは物とし

て捉え、イメージのプロセスをこの物（私自身、私の内的状態）の変容として見てゆく。私の実体性、私の存在（Vorhandenheit）への確信は変わらず、内観の揺るぎない台地であり続ける。そうではなく、ここで求められている「自分自身を解放する」とはむしろ、〈存在〉の否定性への解放である。それは、存在論から論理、ロゴス、精神（Geist）への——メルクリウス的なものへの「魂の」移行である。存在する実体という概念、自分自身の実体性という概念を後にする時にだけ、真に心理学的な内面性は到達される。これが魂の世界、イメージの世界である。しかし、そこでのイメージは、存在論化された（具象化された）ものでも、元型なるもの、すなわち、イマジナルなるものでも、そして確かに、感情や思考に付加された心的機能としてのイマジネーションという意味で云々されるものでもない。イメージの世界もまた、非存在、否定であり、深淵（神秘主義者が言うAbgrund）である。究極的には、泳ぐことを学ぶというのは、リアルな経験的な存在としての私が、非存在としてあることを学び、「魂」の論理的生命という深淵に私自身を解放することを意味しているのだ。

イメージのプロセスと近代的意識の否定性へと自身を解放することについての追記

　意識[*45]を本来もつ存在としての人間だけが、非存在としての自らの存在へと、論理的否定性へと自分自身を解放することが可能である。この能力ゆえに、人間は自らの死を知ることができる。死を知ることは、魂への門口であり、魂、魂の論理的生命、絶対的否定性の領域は、死の（意識の）賜物である。人間が本来意識をもつことで論理的否定性へと自らを解放することが可能となるように、逆に言えば、人間が非存在としての自らの存在へと自らを解放するために不可欠なのは、他でもなく、意識的な存在として存在することである。それがBewußt-Sein（意識的な存在）なのだ。動物、植物、石、それらは単

＊45　自覚以上の意味での意識。

純に存在する。それらは先験的に、自らの存在へと解放されているので、そこから自らを解放し、非存在へと自らを解放することはできない。それらは自らの存在と同一であり、完全にそれに従順である。しかし、人間は、完全に人間であるために、自らの存在とは距離を置かねばならない。この距離を獲得するためには、人間はまず、明確に、明示的に、存在としての、実体性としての自分自身を獲得しなければならない。それが本当に自分のものになった時、人はその何かと距離を置き、その何かから離れ、それを押しのけることができる。しかし、ここでわれわれは、ある一つの差異、すなわち、二つの文化的段階の間の差異に自覚的になる必要がある。

どの段階において治療が行われるのかによって、意識を伴って治療が進むのか、それとも、意識を伴わず治療が進むのかが決まる。ここでは、意識という言葉は、狭い意味で、明示的な反省する意識として（いわゆるアニムス機能として）用いられている。それに対して、広い意味での意識、すなわち、人間が意識的な存在であることは、治療全体を通して前提とされるものである。

古代社会における儀式的な仮面の舞踏を例にとるなら[*46]、（明示的な）意識を伴わずして「魂」の否定性へと自らを解放する場合があると言える。仮面をかぶって踊る人は、ダイモーン、精霊、神となり、それまでの日常生活でそうであった普通の人間であることをやめる。それは単純な自己放棄であり、時に文字通りの恍惚へと向かう運動でもある。そこでは、否定性が経験的で実体的なものとなる。かつて通常だった状態がもう後にされているからこそ、そしてその程度に応じてしか、新しい状態が可能にならない以上、矛盾はそこには存在しない。心理学的差異は、二人の人間に分配されることで行動化されるフロイト派のセッティングとは違って、二つの時間的に異なる

---

*46 以下の通り、仮面の舞踏についての小論がある。Giegerich, W., "The Lesson of the Mask", in: *idem, The neurosis of psychology. Primary papers towards a critical psychology*, CEP 1, New Orleans, LA (Spring Journal Books) 2005, pp.257-263.

第4章 自身を解放することのもつ癒やしの効果

状態に分配されることで行動化されることになる。われわれはここでは純然たるアニマの世界にいる。それは、子どもとの箱庭療法の場合と同様である。それは意識を伴わずに行われる。子どもは自らを遊びに委ねており、世界に気づかない。また、夢を見るということは、いつもとは限らないが、通常は意識を伴わない。人は文字通り眠っていて、自分自身のことを忘れている。あるいは、シャーマンや魔術師の癒やしの方法を考えてみてもいいかもしれない。そこで癒やされる人は、魔法のような、トランスのような行為やそれらの神秘のもつ暗示的な力に自らが完全に引き込まれるのを許している。そこには、批判的な距離は存在しないし、何が起こっているのかを反省する随伴的な意識もない。むしろ、アニマ的な意識は単純に、そして心底から、儀式のプロセスによって自らが運ばれるのを許している。そのようにして、それは絶対的に自我親和的なプロセスとして進んでゆく。〈私〉は魂の世界に誘惑されている。このことはまさに、それが一般的な儀式の効果にとっての前提条件であるのと同じように、このレベルにおける癒やしの前提条件でもある。この種の癒やしは、文字通り、すなわち、明示的に儀式的なものである[*47]。われわれは、神秘的融即（participation mystique）と「交感的な世界関係」の領域にいるのだ。

　対照的に、現代の心理療法は、原則として二元性が存在していることに基づいている。つまり、アニマの世界とアニムスの領域は分断されているのだ。そこでは、儀式的な世界のもつ無垢性は失われている。このことは、分析において相対する者が治療的に重要であることのみならず、そこに立ち現れた素材について解釈することや反省することが重要であることにもよく示されている。夢のテキストとそれに取り組むことには、明確な差異が存在する。

---

*47　このことは、先に儀式としての心理療法について述べられたこととは区別しなければならない。そこでの治療は一見すると、近代における合理的な企てであるかのよう、つまり、ある程度は、科学的思考に基づいたものであるかのようでさえあるからだ。

分析家は、儀式的な手続きの孕む魔術に包摂されるように意識を誘導するシャーマンとは似て非なる者である。分析家が望むのは、意識化すること、ユング派の治療で目標とされる自律的なイメージのプロセスの意味さえも意識化することなのだ。時には、分析一般が自らの真実に否応なく患者を直面させるという目的をもつという事実とは別に、分析家は時に、直接的に、情緒的に、そして時に及んでは激しくそのようにして患者に対峙する必要がある。その究極の目標は、真理であり、洞察である[*48]。

　このような意識のレベルや状態で、「魂」の自己運動とそのイメージのプロセスに自らを解放しようとするなら、意識が正確に保持されることが必要不可欠である。われわれの場合で言えば、イメージの世界に飛び込むことさえも、一つの断絶、裂け目として刻印される。この新しい状況のなかで、イメージのプロセスに意識を伴わず付き従うとしたら、結果として意識はそれ自身の内容のなかに籠もることになる（ユングによれば、「意識が無意識になる」[CW 12 § 563 筆者改訳]）、あるいは、もっと良くない場合には、意識の膨張や妄想にさえなるからだ。ここでは、現代世界のもつ二重性をはっきりともち堪える必要がある。われわれは夢のイメージに対峙する。イメージについて考え、その意味するところを問う。そうして意識は保持される。ユングが述べたように、現代人は知ることを欲し、理解することを欲する。そして、以下のように付け加えよう。現代人は狭い意味で意識であり、以前の時代と同じ無邪気さで自らが完全に引き込まれるに任せられないので、現代人として知ることを欲さねばならない。子どもや原始人、信仰をもつ者たちは、決して儀式の意味を求めない。それらの出来事は彼らにとって、彼ら自身の実現である。

[*48] だからこそ、ユングは、1912年に発表した「心理学の新しい道」という論文を以下のように締めくくったのだろう。「真理の力は偉大であり、いずれ勝利を得ることだろう（*Magna est vis veritatis et praevalebit*）」（*CW* 7 § 441）。おそらくこれは、テルトリアヌスからの引用である（*Adversus Praxean* 26）。ここでは、ヨハネによる福音書8章32節の「真理はあなたたちを自由にする」を引用することも可能だった。

第4章 自身を解放することのもつ癒やしの効果

　そのため心理学的差異は強められる。この現代的状況における成人期のもつ諸条件の下では、先ほど述べられた魂の自己運動への自らの解放が、完全に自我に親和するような一体性という形式をもつことはもはや不可能である。恍惚も喜悦もそこにはなく、単純に信じることもない。これらはすべて現代人にとっては無責任なことだろう。われわれが自分自身を解放することは、意識的な放棄という形式をとらねばならない。つまり、そこには、われわれが自分自身を手放すことについての認識が伴い、事実上、そこでは、われわれの主体性（われわれが意識の対象としてイマジナルな内容を体験する主体であること）は変わらず意識されている。だからこそ、それら二つの要請の間の隔たりは埋められる必要がある。われわれは、その差異をもち堪え、両者を抱えることを学び、それによって、差異と同一性の同一性へと進まねばならない。

　しかし、今日でさえ、大人が意識を伴うことなく、治療のプロセスを体験することは時に起こりうる。例えば、箱庭において、あるいは、描かれたり夢見られたりするイメージのプロセスとして、癒やしはまさに意識を伴わず生じている。このような場合、近代性は、最初からもうすでに到達されていたとしても、一時的に停止されている。このような事例における治療のプロセスは、概ね無意識的に、潜在意識的に、すなわち、その上部に存在し続けている意識の閾の下部で進行する。そのプロセスは隠れて、すなわち、文字通り、無意識的に進行すると言えるだろう。日常的な意識はそこに参与せず、その上を通過する。このように、治療のプロセスは、たとえ意識化されないとしても非常に重要な、われわれが夜夢を見ることと同じようなステータスをもっている。あるいは、ドナウの沈水（ドナウ川の地下河床への消失と遠方でのその再出現）のような地質現象に似ている。治療のセッションの後、患者は、あたかもそれがまるでなかったかのように、通常の今日的な日常世界に戻ってゆく。しかし、このような治療は特殊な例である。このような特殊例は、文字通りの意味での「白日夢」や「白昼夢」と呼びうるが、これらの言葉が通常意味するもの（夢想、われわれの意識的な空想）と混同すべきではない。この種の治療において、患者はある意味で治療を通して夢中遊行するのであり、ここで

は、ユングが「このプロセスの自然な進展を妨げないように」と述べたことがとりわけ重要なのである。

　しかし、そこには治療者が存在しているので、本物の夢遊病との間には大きな違いがある。通常の夢遊病は、個々の自己の孤独のなかで生じる。分析家の現前が示すのは、二重性が完全に失われてはいないということである。近代の反省する意識が抱える断絶がここにも感じられる。ここでは、心理学的差異は二人の人間に分配されている。この布置において、分析家は、反省する意識の連続性を表す。このような場合、その連続性によって、セッション後には戻るだろう自身の意識を保持するという課題から、セッション中、患者は解放される。このことは再び、われわれがここで意識の一時的な停止を扱っており、見かけとは異なり、プロセスのもつこのような潜在意識が、近代的意識の抱える断続性の内側で保持されるという事実を明らかにするのだ。

3. 自らの病を自らの主観性から客観的普遍性へと解放すること

　ここでは、これまで論じてきたものとは非常に異なる心理療法の癒やしの効果について論じることになる。おおかたの治療において、患者は時間の経過とともに、それぞれの心理学の学派の理論的観点からものを考えるように自動的に訓練される。すなわち、フロイト派の分析においては、患者は、ファミリー・ロマンス、エディプス・コンプレックス、あらゆるイメージ、そしてあらゆる行動のもつ転移的な意味といった観点から、自分自身を解釈することを学び、伝統的で正統なユング派の分析においては、患者は、影、アニマ・アニムス、自己、象徴、神話やおとぎ話のもつ治癒力、元型や聖なるものといった観点から自分自身を理解することを学ぶのである。

　このような治療の展開がもつ癒やしの効果を過小評価してはならない。ここでは、心理学的な病とは何かを念頭に置いておく必要がある。念のために言うと、それらの病は先ずもって、ある特定の、例えば、神経症的、ボーダーライン的、その他あらゆる構造体である。しかし、それに加えて、心理学的な病は、その個人の〈私〉にとってさえも近づきえないほどに、この構造体が

第4章 自身を解放することのもつ癒やしの効果

単体の個人の内側に閉じ込められ封じ込められている、という事実でもある。その病は、たいていの場合、患者当人にとって絶対的な謎である。もし治療のなかで、自らの病の個人的な症状やメカニズムが特定の心理学の理論によってすべて熟知され理解され説明されることを、そして、それらがいかにしてなされるのかを、患者が詳しく学ぶならば、その時に何かが開かれる。それまでは患者の内側にしか存在しなかったものが、徐々にこの理論の内側におけるその患者であるようになり、あれやこれやの理論の特定の「症例」、この理論におけるあれやこれやの部分の特定の「症例」になる。それは根本的な反転である。彼、あるいは彼女単体にとっての苦悩は今や、より大きなもの、つまり、普遍的・霊的、あるいは知的なものに結びつけられ、そのようなものへと止揚されさえする。単に主観的だったものが今や、自ら主観性を超越した客観的なリアリティーを手にするのだ。

このことは、神経症的構造それ自体を変えるものではない。それは癒やされておらず、病はそこに留まっている。しかし、苦悩している個人にとって、この変化は、その病の排他的な座であることから、彼らがそうであるところの単体の人格としての彼、あるいは彼女を解放するという意味において、重要な癒やしの効果をもっている。病は、人格におけるその囲いの内側から、より大きな、主観的ではないもの、すなわち、心理学的な原理へと解放されうる。すなわち、強迫的に、文字通り、実存的に、時には物理的にさえ、生きられ体現されなければならなかった状態から、精神に属するレベルへと解放されうるのだ。病は今や、考えられたり、想像されたり、理解されたりしうるものになる。病に関するこのような事実から精神への移行は、根本的な心理学的変容である（「告白」というトピックとのかかわりで先に論じられた事実から言葉、言語への移行が思い起こされる）。それは決して主観的な安堵感をもたらすだけではない。それは、客観的にも、事実的にも、自らの内側に神経症を抱えていなければならないという重荷から人格を解放する。その移行は箱を開くのである。

***

　ここまでは問題ないのだが、事実としての病を理論へと解放するという重要な心理学的な移行は、解放の反対側へと転倒することがしばしばある。多くの治療において、患者はそれぞれの心理学の学派の理論に包まれている。治療が紛れもない洗脳になることはまれではない。「意識化する」という題目の下、無意識化することが進んでゆく。患者はそれぞれの学派の教義を信じ込んでいるからだ。自分自身を解放することは今や、理論や技法のもつ強い印象を与える暗示的な力によってだけでなく、治療者が自らの理論や技法の周囲に生み出す神秘性によっても同化されるようになったことを意味する。そして最終的には、治療が「無意識」を、ファミリー・ロマンス、あるいは、マンダラ、象徴と元型を、良い乳房と悪い乳房、あるいは、相互的な場等を信じるに任せておくようになる。ここでは、ソヌ・シャムダサーニがかつて指摘したことが想起される。

> 　心理学と心理療法が20世紀において実証したことが一つあるとすれば、それは、条件反射の果たす役割、父親を殺して母親と寝たいという願望、良い乳房と悪い乳房との間にある魂と肉体の葛藤、解離した分身たちのパレード、至高体験を通じた自己実現の探究、あるいは、象徴的なもの、想像的なもの、そして現実的なもののフラフープによる捻れといった観点から、自らの人生（と他者の人生）を眺めるために、諸々の心理学的な概念を援用することを厭わない個々人の順応性であろう[*49]。

　心理学的理論が、イデオロギー、信条、信仰体系へと変容する。患者は正式に、神経症的に思考することを、そして、特別な真理として神経症的思考を受けとめることを学ぶのである。心理学的に、すなわち、論理的に、個人は、所与の教義のより高次の権威に（経験的・実践的ではなく）形而上学的な責任を委ねる。主観的には、これは至福の安堵である。自らの信仰によって患者は自

らの苦しみから部分的に解放される。

　一つの治療的要因は、面接室における分析家による何か特定の治療的な介入より以前に、治療という制度それ自体のもつ静逸かつ不動の構造や論理、そして統語論であると先に強調しなければならなかったのとちょうど同じように、ここでは以下のことを強調しなければならない。そのような安堵は、この特定の理論の真理や正しさに起因するのではなく、たった今から自分自身に対して形而上学的な責任を負わねばならないのは、一つの教義であり抽象的な普遍であるという事実に起因するということである。ある種の「洗脳」による患者(個人、人間の魂)から抽象的理論へのこのような置き換えは、心理療法に共通してよく見られるし、それは大きな誘惑でもあるが(ユングが言う高尚な意味での個性化の過程として治療のプロセスを様式化するのは何と素晴らしいことか！)、むろん褒められたことではない。

　筆者は少し前に、自らの病を自らの主観性を超越した客観的で知的なリアリティーというステータスに解放することは、神経症的構造それ自体を変えるものでは決してない、すなわち、それは癒やされないと述べた。病はそのままの状態で留まっている。

　ここで思い出してもらいたいのは、心理学的理論はそれ自体、構造として神経症的なものでありうるという洞察を、ユングがフロイトのみを例にとって述べていたことである。これは最も重要な洞察であることに間違いないが、ユングの理論にもそれはある程度当てはまる。彼はそのことを理解して

＊49　Sonu Shamdasani, *Jung and the making of modern psychology*, Cambridge (Cambridge University Press) 2003, p.11. ユングは、自らが端的に小児症的理論と名づけた、ある特定の理論について同様の考えを示している。彼は以下のように指摘する。「根底においては、そんな小児症的理論に同意する準備があまりに整っているだけという無数の患者がいる。そのような理論は、忌々しい『小児的な要素』を『〜にすぎない』ものとして受け流しうる可能性を提供するからだ。そして多くの場合、そのような理論は、現実生活の不愉快にも深刻な諸問題から逃げ出す願ってもない方法を提供する……」(*CW* 10 § 348 筆者改訳)。

いなかった。ここではそれについて詳しく述べることはしないが、以下のような一つの簡単なヒントだけで十分事足りるだろう。意識と「無意識」の対立という観点から考えることで、深層心理学は、神経症的な解離を存在論化、あるいは実体化し、そのように神経症において問題であることの一つをまさに行っている、ということである。従来の心理学は通常、分析家があらゆるところで実践しているように、神経症的思考に対立する健全な思考ではなく、神経症において起こっていることを患者のなかで理論のレベルに引き上げているにすぎない。

　しかし、このように神経症を理論のレベルにまで引き上げることこそが、癒やしの効果をもつ。ここでの治療のもつ癒やしの効果は、神経症的構造としての個人の神経症が、個人から心理学的理論や実践の抽象的な普遍へと置き換えられることである。このことは、先に論じた、事実から精神への病の転移を超えたものであり、それは真に心理学的な変化である。別の事柄に目を向けてみよう。シャーマニズムにおいて、シャーマンは患者の病を自らに移し、そして自らのなかに取り込んで、それを自らの内側で克服する。心理療法でも似たようなことが起こっている。シャーマンに相当するものとして機能するのが、一般的な理論や実践であるというだけのことである。それは、神経症的構造をそれ自体に吸収し、そのことによって神経症的構造を担い、あるいは体現することから患者を解放する。シャーマニズムとの唯一の、しかし決定的な違いは、心理学的理論や実践が病を、ここでは神経症的構造を解消するのではなく、むしろ存在論化することによってそれを高尚なものとするということである。したがって、このような治療に起こりうる側面の癒やしの効果は、自らの解釈や自らが抑圧を解除し、その各々によって神経症が解消されると信じている一方で、治療者が──全く意図も意志もないうちに、おそらくはそうしたくはないとさえ思っているのに──単に一つ一つその重荷を人身御供に、生け贄に、すなわち、自らの精神分析理論のもつ客観的な構造に移し変え背負わせているにすぎない、ということなのだ。

　それぞれの心理学的理論のもつ異なる要素（筆者は先に、ファミリー・ロマンスや

第4章 自身を解放することのもつ癒やしの効果

マンダラ、象徴と元型、良い乳房と悪い乳房、あるいは相互的な場について言及した）を信じるという様式は、凍結化、固着化、実体化することに等しい。信じるという概念は伝統的に、自らの家をその上に建てた岩のイメージを連想させる。理論が岩となる。しかし、この岩は、錬金術のラピス、流体、メルクリウス、永遠の水、熱き葡萄酒のようなものではなく、むしろ科学的な真理と呼ばれるものである。フロイト派の精神分析もユングの分析心理学も、方法は違えども、自らを科学として提示すること、言い換えれば、自らの発見を実証的な事実として提示することを試みているという事実は、このような堅固化を促進するものであろう。岩の上で自分自身や自らの病を解放するのは、真の解放ではない。それは、安定しておらず安全でない状況から、より大きくて、しっかりとしたセーフティネットへと跳躍するようなものであり、人格が自分自身を強固なものとして保持するための跳躍でもある。真の自己解放が求めるのは、自身をそこへと解放するものがそれ自体として、物質としての実体性から解放されており、論理的な運動のもつ流動性と「魂」の論理的否定性へと解放されていることである。そして、そのことは、それ自体を解放したものがそれを通して、それ自体流動的に、メルクリウス的になることを意味している。

　ユングがフロイトに対して提起した主たる批判の一つとして、フロイトが自身の方法を理論に引き揚げたということが挙げられる。しかしながら、時と場合によっては、そしてある意味では、ユングも自分なりの方法で、異なる素材を用いて同じことをしていた。ユングは自らの体験から一つの理論を生み出した。すなわち、彼自身が指摘したように、「溶岩」や「マグマ」は冷えて石になった。あるいは少なくとも、これがユング派の人々の手のなかで、ユングが考えていたことに起こったことである。彼らは、ユングが生み出した理論を機械的に心的現象に適用されるある種の教義に凝固させた。しかし、心理学的に言えば、ある人の考えは、単なる方法というステータス、すなわち、現象に接近する方法という様式のままに留まることが重要である。すなわち、それらは、遂行的な状態ではあるが、存在論化されないままにし

ておかねばならない。ユング自身もこのことをよく理解しており、それに従って自分自身の立場を明確に表現していた。いくつかの例を挙げると、彼はこのように述べている。「科学的な理論は、物事がどのように見られるかを示唆しているにすぎない」（CW 4 §241 筆者改訳。ドイツ語原版では、文章全体が斜体）、そして、患者の心的現象を自らの理論に翻訳することに焦点を当てるのとは全くもって対照的に、「私の目的は、患者が自分自身の本性を用いて実験に取りかかれる心的状態——何ものも外在的に固定化されておらず、絶望的に石化されてはいない流動性、変化、成長という状態——をもたらすことである」（CW 16 §99）と述べた。それは神経症の解釈などではなく、患者自身による自分自身を用いた実験なのだ！

＊＊＊

　伝統的なユング派の治療に固有の危険性は、われわれが先に議論した特殊な場合を装ったり真似たりする試みがなされうるという点にある。その特殊な場合とは、意識の一時的な停止であり、そこでは、「魂」の運動やイメージのプロセスは、地下において、すなわち、意識の閾下において潜在的に進行しうる。それゆえ、例を挙げれば、この患者にとっては、すなわち、徹底的に近代的な個人としては、もはやそれは不可能であるにもかかわらず、あたかもまだそのような本物の地下のプロセスに参入できるかのように、患者が自らの体裁を整えるのを治療において援助するといったことが起こりうる。そして、実際には存在しない無垢や素朴さ、すなわち、擬似的な無垢を装うのである。それは、自我に操られた冥界の運動のシミュレーションであり、無意識のふりをする意識的なプロセスなのだ。そこでは、自分自身が象徴や神話的な意味のなかに閉じ込められる。結果としてもたらされるのは、ある種の心的な紛い物（psycho-kitsch）であり、一つの神秘化であろう。平凡な人格主義的な感情と対人的な反応——自我の仕事——が、超個人的で聖なる、すなわち、神秘的な外観を身に纏うこともまたしばしば起こる。例えば、私の実在の母親についての考えがそんな風に、母親元型へと舞い上げられてしま

第4章 自身を解放することのもつ癒やしの効果

う。ユングは、神智学者たちが昔のインドの君主たちを装うことに警告を発した（お芝居のなかの王様［*Theaterkönig*］、CW 9i § 28）。同じように、われわれは、『賢者の薔薇園』の王と王妃像、その他すべての種類の元型的な像を装うことに対して警告する必要があるだろう。このような現象には宗教的な前史がある。19世紀には例えば、チューリッヒ出身のスイスの詩人ゴットフリート・ケラーが自身の小説のなかで、このような行動の類似性を「頑迷（*Frömmelei*）」という題目の下にその正体を暴き出し批判しており、その1世紀前にも、同じ類いのものが、例えば、カントによって「*Schwärmerei*（狂信）」という名の下に批判されていた。

　明らかにこの種のことは、ある人たちにとって大きな魅力をもっている。そこには、誘惑的な何かがあり、彼らが著した書物から判断すると、あるユング派の人たちは、神話的な意味のなかへと自分自身を囲い込み、それによってハーメルンの笛吹き（*der Rattenfänger von Hameln*）として振る舞い、そんな類いの大衆の欲求を満たそうとしているように見える。このようなイメージがここで頭に浮かぶのは、この笛吹きが横笛を吹いて、この町の子どもたちが付いてくるよう誘惑したからだ。ユング派主義においても、そのような方面で洗練されるのは主として、聖なるものと元型的なもののもつ音楽的な性質であろう。特定の知的な内容は拡散したままであり、とりわけ、恣意的で交換可能である。どの元型が、どの神話が、どのおとぎ話が経験されているかは本当には問題ではない。唯一問題となるのは、意識を揺さぶってその個人とともに眠らせ、正体をなくさせるため、それら元型・神話・おとぎ話によって喚起され、その上に投影される、包み込むような聖なる神話的なアウラである。これこそが、バイロイトから、そして文字通りの音楽と文字通りの劇場から、面接室へと移転されたリヒャルト・ワグナーなのだ。

　非常に異なるつながりにおいて、ユングは、キリスト教の特定の考え（すなわち、「私たちの主イエス・キリストの血による贖い」という考え）を例にとって、そのような決まり文句を敬虔に繰り返すことで、人はそのような決まり文句とともに過去に戻り、再び無意識になる、そして、そうであるのは、人がこれらの

言葉の意味するところを知的にわかることがないからだと、厳しく警告した。決まり文句について考えるのではなく、人はそれらが形づくる情緒的な印象に自分自身を投げ出す。そして、それらが形作る印象は、それらが「非常に厳粛で、非常に美しく日曜日のように響き渡り、非常に宗教的、非常に見事に宗教的である」というものである[*50]。今日の患者について言えば、同じことが、すべての神話的な象徴、マンダラ、元型的な観念に当てはまるのは明白である。情緒的な印象に自分自身を閉じ込める、あるいは、それに浸りたいと望むならば、それらは素晴らしく神聖なものに聞こえうるのだ。

4. 自身を自身へと、すなわち、自らの存在や本性へと解放すること

　何かを、すなわち、ある特定の内容（自分の抱いている秘密の感情や思考）を解放することについて、そして、自分自身を解放することについて述べた。さらには、他者、すなわち、治療者に自分自身を解放すること、魂のプロセスと〈現在〉に自分自身を解放することについても述べた。ここからは、非常に異なるタイプの自分自身を解放することについて、つまり、自分自身に、あるいはむしろ自分自身のなかへと解放することについて論じることになる。それは、自らの主観性への自らによる封じ込めから自分自身を解放することであるとも言えるだろう。ユングは、われわれが客観的に自分自身と向き合い、外から客観的に、相対する対象として自分自身を見ることを学ぶよう求めていた。そこでは、自分自身にとっての他者となることが必要であり、自分自身を客観的な事実として捉えねばならない。ユングは、現代人の「子どものような素朴さ」を嘆き、以下のように述べている。「自分自身に対していかなる客観性ももたず、自分自身を自分が存在するという現象として、そして、良くも悪くも、自らがそれと同一であるという現象としてまだ捉えることが

[*50] C. G. Jung, *Über Gefühle und den Schatten*. Winterthurer Fragestunden. Textbuch, Zürich and Düsseldorf 1999, p.22. 筆者訳。

できていない」(*MDR* p.341)。

　このように自分自身との客観的な距離を獲得することは簡単ではない。そもそも、われわれは自分自身の主観のなかに閉じ込められている。われわれは主観的にしか、すなわち、自己イメージ、自我理想、自分自身への要求等の観点からしか、自分自身を見ていない。たいへん多くの人々が、自分自身を非難したり、罪悪感を抱いたり、羞恥心をもったりするのは、自らがあるべき姿ではないからである。このことは、人々が排他的に自分自身に対する主観的な関係のなかに生きていて、彼らが自分自身と完全に同一化していることの表れであろう。自らの存在や本性は、自らの主観的な思考や願望に従うべきであると考えられている（逆説的に言えば、それらの思考や願望はしばしば、一般的な道徳原理や社会環境のもつ価値観に従って形成されている。このことは、われわれの主観性は決して単離しておらず、ただ主観的なものではなく、最初から社会的に構築されていることを示している）。人々は、自分たちがどうあるべきかを決めることができると考えている。彼らの罪悪感や羞恥心は、自分がどうあるかを実際には決定したり要求したりすることは彼らにはできないにもかかわらず、こうした考えにしがみついているという事実を証明するものである。それは撤廃されも分解されもしない。罪悪感や羞恥心において、自分自身や社会の規範に従って自分自身を彫琢すべきであるという幻想が挙行されているのだ。

　それゆえ、自分自身に対して客観的になるというのは、自らの主観的な自己規定、すなわち、自分自身の理想や自分自身への要求から自分自身を解放するという課題であると言えるだろう。自分自身をありのままの自分であるに任せねばならない。私は私自身の制作者でも、設計者でもデザイナーでもない。私というのは、自分で思い通りに形作ることのできる、自分自身の考え、自分自身の空想ではないのだ。むしろ、私は自分自身を所与の揺るがせない事実として体験する。自分がどうあるべきか、どうありたいか、どうあるべきだと思うかということに思い至るずっと以前に、私はすでに完成されていたし、一つの達成された事実であった。すなわち、生物学的に決定され、社会的に刻印され、自分自身の歴史によって、世界に対する自分自身の以前

と現在の習慣的な反応によって私は形作られている、ということである。私は完了形において存在する。私の本性とは私自身に先立つものである。私は自分の願望や要求を携えて遅れてやって来る。多くの人が抱く「自分は本当であれば違うはず」「(道徳的、社会的に) 自分の在り方が認められさえすれば、自分が実際の自分であることが許されるはず」という深く痛々しい感情を、神経症と診断しなければならないのはこのためである。許可や禁止は、未だ留保されているものに関してのみ意味をもつ。しかし、われわれの固有の本性は、すでに決定されている。われわれの在り方というのは、われわれの背後に、すなわち、完了時制において存在する。

　それゆえ、そこにあるのは無条件降伏だけである。私は、自分自身（すなわち、実際の組成）に関して、自らが想像する主権の高みから降り、謙虚にならねばならない。私は自分自身の下で、自分が存在するという自然な事実の下で、自らの不変の本性の下で、頭を垂れねばならないのだ。生命や自然によって付与された私の在り方で自分自身を受け取ることを学ばねばならない。私は今、自分自身に自分自身の下で服従し、服従させられる。近代的な主体としての私は、自分自身の番人、あるいは守衛でしかない。私の本性は一つの檻房のごとく自分自身に委ねられている。以前には、異なる世界の状況下で、人は神の創造物であるという考えを通して、このような態度は表現され、実際に生きられていた。

　これは、私が自分自身に対する、厳しく経験的で、おおむね科学的な態度を身につけねばならない、ということでもある。だからこそ、ユングは先に引用したように、「患者が自分自身の本性を用いて実験に取りかかれる心的状態をもたらすこと」を自らの目的としたのだろう。自分の本当の姿を知るためには、現実生活の状況による試練に自らを曝し、その結果がどのようなものになるのかを見定めねばならない。ユングは同時に、その目指す状態を「何も外在的に固定化されておらず、絶望的に石化されてはいない流動性、変化、成長という状態」と表現している。このことは、今論じている文脈では、患者が自らの自己同一性についての幻想的な固定観念を後にした状態と説明

第4章 自身を解放することのもつ癒やしの効果

しうる。そうであるのは、われわれが、われわれ自身について最大限に説明するマニュアルをもって生まれるわけではないからだ。私は自分自身について先験的に知っていることから始めるわけではない。そうではなく、ゆっくりと、とてもゆっくりと、少しずつ、人生のなかで、そして多くの場合、痛みを伴いながら、私は自分の本当の姿を経験から見出す必要がある。なぜなら、私の本当の存在が最初、自分自身についての考えや願い、そして幻想に包まれていることは避けがたく、私にはそれが見えないからだ。

　二番目に、自分がどのような者であるかを知った後には、私の掟として自らがそうあることに従順であることを学ばねばならない。ユングがかつて述べたように、動物は「自然における行儀の良い住民であり、敬虔であり、大いなる規則性に従って道を歩む。……人間だけが法外なのだ……」*51。動物は掟を守る。彼らは彼らの掟のなかへと生まれる。彼らは最初から、いわば自らの完了時制として存在する。このように、彼らは自分自身について幻想を抱くことはできない。すなわち、自らの掟から逸脱することはできない。しかし、われわれ人間の特異性は、自らの存在から論理的に追い出され、われわれがそこに存在するという完了時制から立ち退かされ、観念や空想の領域へと解き放たれることである。それゆえ、われわれは、動物が生まれながらにしてそうであるところのものを、自己関係のなかで、そして意識的で倫理的な成就を通して獲得せねばならない。それは、自らが自らに固有の本性に服従することの成就であり、自らの完了時制が自らに追いつくのを、いや、自らを追い越すのを許すことの成就である。その時にだけ、われわれは自分自身の下に帰還し、自らの存在に居を構えることになる。本来は前にあるはずのものが後に到来する前後倒置（hysteron-proteron）とともに、あるいは、前後倒置として生きることは、人間存在としての人間存在の一部なのである。

＊51　C. G. Jung, *Visions: Notes of the seminar given in 1930-1934*, ed. Claire Douglas, 2 vols., Bollingen Series, Princeton Univ. Press, 1997, p.168.

私が私自身を生から受け取ることへの移行は、性的なイメージにおける私の在り方としても描き出すことが可能だろう。これによってそれは、自分自身を「発生させること」、自分自身の「父となること」から、自分自身の「受胎」への、すなわち、私の自己受胎への移行となる。そこでの受胎 (conception) は、観念、展望、意図、計画といった、その言葉の他の意味とは正反対のものである。逆にそれが含意するのは、私が存在しているという堅固な事実としての私自身を身ごもっており、一生の間にゆっくりと自分自身を産まねばならない、ということなのだ[*52]。また、それは、義務論 (deontology、職務、義務、存在すべきものを意味するギリシア語の tò déon) から存在論 (ontology、存在するものを意味するギリシア語の tò ón) への移行であるとも言える。静的な他のイメージで言うなら、私の本性は一つの檻房のごとく私自身に委ねられている。私は、私自身の番人、あるいは守衛でしかない。
　自らの本性の下で真に謙虚になるということは、はしなくもそうであるままに自分自身をもち堪え、それに耐え忍び、世話をするだけでなく、自らの本性と本当に和を結び、自らの欠点や弱さを許し、実際にあるがままに自分自身を認め、これらの欠点すべてを抱えたこの実在する人間としての自分自身の友となることでさえある。自分の真の姿との限りない連帯によってのみ、人は本当に自分自身を手放し、自分自身がある特定の在り方であらねばならないと要求しうるという傲慢な考えは完全に放棄される。筆者は先に、完了時制において私は存在すると述べた。今ここにおいて、われわれは、事実としての私の本性においてまさに、私はあらゆる自らの欠陥をもって自らの真の完成と達成に至ると、付言することができるだろう（願望的な思考によって生み出される、完全であることについての幻想的で肥大し誇大的な考えとは対照的である）。

―――――

[*52] これが、ギリシア語で人生の終わりを teleutê （完成、実現）と呼んだ理由である。ドイツ語の frühvollendet は、「夭折した」という意味だが、字義的には「早くに実現した、完成した」を意味する。

第4章　自身を解放することのもつ癒やしの効果

私はもうすでに完全なのである。
　自らの過去、過去の自らの行いでさえ、私は放っておかねばならない。自分自身の行いを理由に罪悪感をもつことを自分自身に許してはならない。罪の意識は、意識的に認めさせ（知らせ）、そして負わせるという目的で存在する。感じること、例えば、それらに浸ることは目的ではない。
　ユングはかつて次のように述べた。「人間にとって最も大いなる限界は『自分』であり、そのことは『私はそれだけの者にすぎない！』という経験のなかにはっきりと示されている」（MDR p.325）。
　心理療法は時に自己啓発として理解されることがあり、自己啓発は自己改善を意味すると考えられている。われわれの文脈においては、自己改善という目標は幻想として見通されねばならない。治療は、われわれをより良くするものではない——より良いということが、より本物であり、かつシンプルであるということを意味しない限り。治療は、あらゆる無駄（*omnes superfluitates*）、すなわち、錬金術がそれを定めるような、あらゆるがらくたとナンセンスを削り取ることによって、われわれをわれわれが本当のあるがままへと縮小することができるだけである。われわれはその無駄のなかに、知らないうちに包み込まれていた自分自身を見出すこともあるだろう。それは、知らないうちにこの「がらくたやナンセンス」を自らの真のアイデンティティーや本質であると勘違いしているからである。
　自己意識である時にだけ、意識は完全に実現されることを先に述べた。そこでは、〈私たちである私〉と、〈私である私たち〉をもつことになる。それと同じように、主観性とは、自分自身の独断から解放され、自分自身に対して客観的になった時にのみ、実現される主観性である。「私はそれだけの者にすぎない！」、そして「私は変わらずそれだけの者だ！」という洞察に嵌まり込んだ時にのみ、私は真に主観的になる。私の主観性はそれ自体主観的ではなく、本来的には客観的な事実である。私は私自身の（私の真の本性の）覇者などではなく、私の本性の覇権下にある主体なのだ。主観性はそれ自体弁証法的であり、自身の内側に自らの他者をもっている。

自分自身のなかへと自分自身を解放すると言うと、それは一回限りの課題であり、何か包括的なものに聞こえるかもしれない。私は私自身を私の本性へと解放する。しかし、私の本性は一つの実体ではなく、物のようでも、一つの全体でも、不可分なものでもない。むしろ、私の本性は、何千もの個々の、しばしばちっぽけな感情、情動、欲望、反応、衝動、思考、偏見、直観などで構成されていて、生涯にわたって変化する。それゆえ、この自分自身への服従は永遠に続く課題である。私は自分自身の一瞬一瞬の一側面に自分自身を落とし込まねばならない。ここで必要となるのが、各々性（eachness）、現在性（nowness）、すなわち、その都度性（Jeweiligkeit）という概念である。
　この概念は、自らの自己定義から、あるいは、自らに関する自らの期待から、自分自身を解放しなければならないという時間的な意味も含んでいる。昨日そうであった私と今日も同じである必要はない。諸々の意見、立場、判断、好みについても、昨日そうだったから、それを表明したからというだけで、私はそれにこだわる必要はない[*53]。私のニーズやものの見方は変わってしまったかもしれず、それゆえ、自分自身を自分自身のなかへと解放することは、生きていて、変わりゆくプロセスとしての私の現在の存在、すなわち、私のあるがままへと自分自身を解放することをも含意する。先に述べたように、私は私自身に対する経験的な態度をもたなければならないし、各々の状況において新たに、私がどのように存在しているかを、もっと正確に言えば、どのように私自身が存在していると見ているかを体験しなければならない。私は私の本性をその偶発性に、私が私自身偶然そうである（Zu-fall）[*54]ところのものへと解放しなければならない。なぜなら、実際に私のあるがままが私に降りかかり、私自身の運命となるからだ。そこには、これまでの自分とは異なる反応や感情を自分のなかに突然発見するという驚きもあるはずである。

[*53] ドイツの南西部シュワーベン地方には「私が昨日しゃべったことはどうでもいい」というユーモラスな言い回しがある。

第4章 自身を解放することのもつ癒やしの効果

だからこそ、私の本性の完了時制は、未来完了にもなりうるのである。

　ドイツに「猫を袋から出す」ということわざがあるが、それは文字通りの意味から転じて、真実を明るみに出すという意味である。私の本性は猫である。私はそれを自分自身についての先入観という袋から出し、それが走りたいところで走らせねばならない。ここで再び、患者は自分自身の本性をもって実験を始めなければならないことについて、そして、何も最終的に固定されておらず、絶望的に石化してはいない流動性という状態に到達することについて述べたユングの言葉が思い出される。私は自らの本性をコントロールすることを諦めねばならない。私の本性は私の所有物ではない。それは私にとっての〈他者〉であり、相対する者である。私の本性は、ユングが示した自分の銀行を友人に紹介する銀行の従業員の例を用いれば、私が従業員である銀行なのだ。あるいは、自分の意志をもった猫であり、最終的には飼いならせない猫である。それが好きなところで走らせる猫のイメージは、私の本性の完了時制の内的な弁証法を示している。私の完了時制は一つの開かれた未来であり、それは全体としての私の人生の過程でのみ現れ、私の死、その終わり（*teleuté*）によってのみ、完全となり、達成され（*vollendet*）、実現される。生物学や医学では、顕微鏡下に置かれるものは、スライド・プレパラートと呼ばれる。そのようなスライド・プレパラートとして、言い換えれば、すでに準備され（*präpariert*）、標本として様式化された形で、一部の患者は面接室を訪れ、多くの人々は生を営む。これは猫を袋に入れることである。そして、袋は数多くある。そのような袋は、自らの家族や社会、所属する様々な団体、教会、そして自分自身によってさえも供給される。

　猫を袋から出すということは、無責任に生きるということではない。例えば、それは、一緒に暮らしている人たちからの厳しい批判に自らの本当の姿

＊54　ハイデガーの偶然（*Zu-fall*）という言葉は、降りかかる（be-falling）と訳されることが多い。

をさらけ出し、その批判に向き合い、正当なものであれば、それを受け入れて耐えてゆくということでもある。そして、たとえ他人が自分についてこう思っているという事実を恨まずに耐えることが正当ではないとしても、客観的に言えば、これが他者との関係における自らの場所である。しかし、言うまでもなく、批判はしばしば正当である。そして、猫を本当に袋から出すということは、実際批判に値する何かが自分自身についてあるという認識のなかで、自らの場所を保ちながら生きてゆくということなのだ。付言すれば、ユングが「影の統合」について語る時、言わんとしていたのはこのことである*55。しかし、それは、いわゆる性質、性質の強さと呼ばれるものにも大いに関係している。性質というものは、批判に値するものという観点において、私が自分自身の背中を刺すことも、自分自身を裏切ることも、自分自身との心底の連帯を終わらせることもない時に姿を見せる。困難な状況に陥った時には、私は自らの身をもって立ち向かわねばならない。罪悪感も羞恥心もそこにはない。罪悪感や羞恥心は、自己背信 (self-betrayal) の最も一般的な形態であり、私がニーチェの言うところの「青白き犯罪者」になる形態なのだ*56。

　より深い意味で、猫を放し飼いにすることは、無責任に生きるということではない。私は、この猫もまた、それ自身「法を守る市民」であることを発見することになるからだ。私の真の本性のなかには、確かな善悪の感覚と責任感が存在する。そして、正確に言えばそれは逆で、つまり、無責任な行動は、われわれの真の本性がもつ内的道徳性が、自我の利己性によって、あらゆる種類の観念形態での言い訳によって、あるいは、堕落へとつながるもろもろの誘惑によって覆われているがゆえに、起こるということである。

---

*55　影の概念はしばしば、自己修正、自己改善のプログラムという観点から濫用されている。

*56　Fr. Nietzsche, *Also sprach Zarathustra*, "Die Reden Zarathustras", in: *Werke in drei Bänden*, ed. K. Schlechta, vol. 2, p.303.

第4章 自身を解放することのもつ癒やしの効果

　自分自身を自分のあるがままにさせることで、私は自分自身を自分自身に対する（幻想的な）存在論的責任から解放する。そこでは、私はまずもって私自身を所有していて、私自身が創造主である神と自分自身との部分的な混同へと私を肥大させていた。それが誰であっても、神だけが私のあるがままへの存在論的責任を負わねばならない。しかし他方で、（論理的、心理学的に）私に与えられた私の本性を受け取り、無条件にそれに身を委ねることで、私は私自身に対する、すなわち、私の性質、私の才、そして私の欠点や弱点にどう対処するかについての経験的で実際的な責任を受け入れる。そして、神でもなく、生でもなく、他の誰でもなく私が、私があるがままであることによるリアルで経験的な帰結のゆえに、私があるがままであることの対価を支払う必要があることを受け入れるのだ。

　私が私自身に、そして、私の本当のありのまま（けれども、私のあるがままは、所与の時間に存在しうる）を守護する者や擁護する者に従属する（従属させられる）ということは、私が一つの任務として私自身に付与されることを意味する。私のあるがままは、私に一つの課題として割り当てられ、それは私を必要とする。私の衝動、感情、思考はそれらの代弁者や擁護者、代理人として私を必要とする。それらは、私を通してのみ、現実となり、世界に参入する、すなわち、世界において一つの存在を受け取ることができるので、私を頼ることになる。私は、単なる潜在性に現実性を付与することに私の心すべてを投入するため、あらゆる私の強さ、私の人格全体の強さを私の存在の背後に隠さねばならない。私の存在やあらゆる私の重要な感情、意志、思考は、いわば、昔の戦争において戦士がもつ盾のようなものである。そのような盾は、槍の次の一刺しや剣の次の一振りの衝撃に耐えるため、その背後に戦士が全力で立っていなければ役に立たない。私は私の本性を擁護し、それに対して責任を負わねばならないのだ。

　このように、私は二度存在する。私はこのような私の二重性である。すなわち、私は、人格のもつ内容的には完全に不確定で抽象的な強さであり、かつ、私は、私の存在が孕む多くの固有の規定である。それらの規定はそれら

自身だけでは、つまり、それらに対する私の擁護がなければ、弱く無力なのだ。ここで問題となっている強さと弱さは、(生物学的・精神的なものではなく)論理的な強さと弱さである。隠さない勇気、衝動を捨てたり裏切ったりしない勇気があるかどうかだけが問われている。一つの性質としての人格がもつリアルで実際的な強さとは、正確に言えば、所与の、常にすでに存在している所有物、すなわち、ある種の生得的な能力ではない。それは、勇気の結果であり産物である。そのような強さは、私が力強く私の存在の背後に私自身を隠し、私の存在のもつあらゆる力でそれを満たす時にのみ生じる。そして、ある性質というのは、私がこれを定期的に行う時にのみ生まれる。

　もう少し先に歩を進める必要があるかもしれない。私を擁護することは、最終的には、自分のあるがままによって自分自身を自分の同胞である人間に押しつける覚悟をも意味する。結局のところ、ここで問題になっているのは、私の心理がリアルなものになること、この〈地上〉に降りて来ることである。最初、われわれはリアルではない。つまり、雲のなかにただ浮かんでいるだけで、われわれのリアルな存在と本質、われわれの本性は、たとえ生物学的にも心的にも常にすでに実在しているとしても、心理学的には単に可能性の領域にしか属していない。しかし、それだけでは十分ではない。心理学的には、私の考え、意見、感情、特異性は、私がそれらを認める時に初めて、リアルなものとなるのである。ありのままの自分でいることが認められるよう許可を待っている者は誰しも、単なる可能性の領域に留まることを決意していることになる。そういう人は、カフカの『掟の門』に登場する田舎から出てきた男と似ている。彼にはリアリティーに参入する勇気がない。その理由として挙げられるのは、他者への恐れだけでなく、より深いところにある自己愛的な自己陶酔であり、自分自身との当面の一体感を維持することへの執着だろう。人は、自分自身の外に踏み出し、自分自身にとって別の人になることを望まない。人は〈一〉から〈二〉への移行を回避する。私があるがままであることの許可を得ることによって、私は自分自身との一体感を失うことを免れる。すなわち、私は二重性としての私を、私自身と私に与えられた本性

との間に現にある乖離を体験することを免れ、それを自分自身が引き受けることを免れるのだ。

　もちろん、私が（その各々性において）私自身のあるがままであることによって立っているという事実と、私がそれによって私自身を他者に押しつけているという事実によって、これらの衝動等を単純に行動化することが私に白紙委任されているわけではない。道徳律反対主義や放縦がここで唱道されているわけではない。あるがままに自分自身を理解することで、私は私自身に対する私の存在論的、あるいは論理的な責任から私自身を解放する。しかし、このようにして自分自身をあるがままに受け取ることで、私は私自身に対する経験的で実際的な責任を負うことになる。重要な点は、それを生き抜くことではなく、自分の特異性を、自分の弱点を、自分がもっているおそらくは特異な意見をもって自分自身を示し、いかなる批判にも攻撃にも愛の喪失にも無視にも文句を言わず耐えることである。私がリアルになることに随伴するのは、まさしく他者の反応である。それは心理学的であり、人間がリアルに、そして魂になることであり、人間は私が生きている共同体のなかでのみ存在しうるからだ。そして、共同体が私の外側に存在するだけでなく、すでに私の内側でも作動している限り、「自分自身を自分自身の存在のなかへと解放すること」は、自分自身を無条件に自己批判の容赦ない判断の下に置くことでもある。

　自分自身を自分自身のなかへと解放することは、自らの自己関係を超えた結果をもたらす。もっと正確に言えば、意識は〈私たちである私〉であり、〈私である私たち〉であるので、このような解放はすなわち、私の他者との関係を包摂することになる。私は、彼らのあるがままへと彼らも解放しなければならない。私は、専横な態度ではなく、受動的・受容的、かつ経験主義的な態度で、彼らがあるがままに彼らを受けとめねばならない。ここでもまた、私は待ち、彼らが実際にいかにして存在するのかを理解しなければならないし、彼らを私の期待、予想、理想、要求のなかに閉じ込めるべきではない。

私は、家族、友人、仕事や私生活で接しなければならないすべての人々を厳然たる事実として捉え、彼らの事実性、彼らの存在の完了時制に無条件に身を委ねることを学ぶ必要がある。
　それゆえ、多くの患者は、他者を「未来時制」のなかに位置づけることによって、「彼らは〜あるべき」という姿勢で、あたかも、自分たちの願望によって、まだ形を成さず打ち延ばせるかのように、他者にアプローチする。心理学的、あるいは論理的には、私はすべての人に対して、欠点があり、愚かであり、悪意さえあり、さらには、私を嫌ったり憎んだりする「権利」を認めねばならない。言い換えれば、同胞である人間の本性に関しても、私は猫を袋から出し、それが望むように望むところへ走らせねばならないのだ[*57]。このことは、経験的・実際的に私が自分自身を庇護し守護することができないことを意味していない。それはちょうど天気と同じようなものである。毎日私は窓の外を見て、今日の天気が実際にどうかを見て、それをあるがままに受けとめなければならない。しかし、それをそのままに受けとめたとしても、雨の日に雨から自分を守る雨具や傘をもって出かけられない、ということにはならないだろう。論理的には、私は人をあるがままに受けとめなければならない。しかし、経験的・実際的には、私は自分自身と自分の関心事を守ることができる。怒りのような感情や情動に立ち往生する代わりに、よく考えるほどのこともない事実として、論理的に、彼らのあるがままの姿を単に受け入れることである。言うまでもなく、それができればできるほど、私は一層よく自分自身と自分の関心事を守ることができるようになる。他者か

[*57] ゴットホルト・エフライム・レッシング（Gotthold Ephraim Lessing）の『賢者ナータン』第4幕には、次のような台詞がある。「あなたのすべき義務は何であるかということに関しては、まずは聞き、あるいは学ぶ（すなわち、待って、あなたがそれをすでになしたかどうかを理解する）のが私の義務であって、それを推測したり予想したりすることではない（Was dir ziemt / zu tun, ziemt mir, erst zu vernehmen, nicht / vorauszusetzen.）」。

らのこのような失望に対する私の反応は、赦しと断念でなければならない[*58]。シュテファン・ゲオルゲ（Stefan George）の「このようにして、悲しいことに私は断念することを学んだ（*Drum lernt' ich traurig den Verzicht*）」は、全く異なる文脈で異なる意図で語られているが、ここでは非常に適切である。私は人々と和解しなければならない。

　以下は、ユングからの引用であるが、そこには、別の個人を、この場合には、自分の母親をその個人のもつ事実性のなかへと解放するという態度が見られる。「良識ある者（*ein Wissender*）であれば、そのような意図や責任、義務、天国と地獄といった膨大な重荷を、一人の弱くて欠陥のある人間にすぎない──愛と寛容と理解と許しに値する──われわれの母に背負わせることは、公平に考えてできることではない」（CW9i § 172）。

　ユングは、寛容、理解、そして赦しについて語っている。もちろん、ここでは、心理学的（あるいは論理的、形而上学的）なレベルと実際的なレベルの違いに留意しなければならない。自分に対して悪意をもち、自分に敵対する権利を、私が皆に認め、これに耐えて、不平不満を言わずそれを許さねばならないのは、心理学的なレベルにおいてだけであり、その一方で、私は当然のことながら、実際的には、つまり、経験的な行動においては、自分を守ることができる。論理的には、無条件降伏であるが、経験的には、「なぜわたしを打つのか」と問えるのだ。

　このように、他者をその存在の事実性のなかに解放し、他者に対する敬意さえもって猫を袋から出すことには、その反対側もある。患者は、自分の親に対して何か否定的なことを言ったり、考えたりすることに罪悪感を抱いていることが多く、そういったことをしようとさえしないこともある。親を守らなければならないと、彼らは感じているのだ。彼らはいまだ、親たちの羽

第4章　自身を解放することのもつ癒やしの効果

[*58] 赦しと断念について、筆者は行動としての反応について述べているのではない。心理学的、あるいは論理的なレベルで語っているのである。

根の下で親たちを心理学的に保持しようとしている。つまり、患者は、自分（患者）の主観的な考えや願望、要求という袋から自分の親たちを解放することができず、親たちを親たち自身の客観性や事実性へと解放することができない。しかし、猫を袋から出すということは、黒を黒と呼ぶということでもある。少なくとも、自分自身と自分の分析家に対しては、私は率直に、そして状況に目をつぶったり言い訳をしたりせずに、例えば、自分の母親や父親が意地悪で冷酷で暴力的であったことを、もしそれが私の経験であるならばすべて認めることができねばならない。

　親不孝であると感じたり、そんな悪いことをあけすけに言うのは僭越であると感じたりするため、そのようなことについて純粋に正直であることはしばしば憚られる。しかし、心理学的に言えば、それを言わないことが正しくは僭越なのだ。人は事実の下にひれ伏すほど謙虚ではない。人はそれでもなお真理に対して支配権を行使することを望むものだ。

　このような必要性からのもう一つのよくある逃避は、それはもしかしたら客観的には正しくない自分の主観的なものの見方にすぎず、それゆえ、それが真実であることが示されない限り、他人の悪口を言うべきではない、と述べることである。しかし、これは臆病であり、一つの防衛機制であろう。とりわけ治療においてはもちろんのこと、人生全般においても、われわれが関心をもっているのは、ある個人（その患者）の主観的な経験、すなわち、その個人の主観的な真理だけなのだ。すべての見方は主観的である。他には何もない。当然、私が感じたこと、信じたこと、あるいは経験したことしか、私には言えない。他に何があると言うのか。ここで重要なのは、法廷に立てるかどうかにかかわらず、自身の思い、感情、経験を告白すること、すなわち、自分の主観性、自らが「そうであるにすぎない！」ことを告白することである。それらが絶対的に正しいかどうか、あるいはどう見えるかは問題ではない。唯一の問いは、それが私の正直な思いなのか、私の最高の認識なのか、ということである。先に述べたように、私自身に対して客観的にならねばならないのは、まさに私の主観性なのである。

第4章 自身を解放することのもつ癒やしの効果

　ある学術誌に寄せられたジェイムズ・ヒルマンによる編者への重要な書簡（"Sometimes a Cigar is just a Cigar," *Spring Journal* 65, 2000, pp.1-4）がある。そこでは、よく知られたユング派のC・A・マイヤーの行動や性格を、このように黒を黒と呼ぶと説明している。

　赦しの方向であろうが、非難の方向であろうが、それは最終的には、他者を自らの概念（自らの役職、仕事、任務、義務）に直ちに一致せねばならないという義務から解放することと同種のものである。それは、理想と現実との差異の解放なのだ。

　この種の解放が適用されるもう一つの領域がある。一つは、世界の本質、人が生きる社会状況の本質、あるいは、生全般の本質である。そこでの〈私〉は心理学的には（常に実際的にではない）、それらがあるがままであることを許さねばならない。些細なことにいちいち騒ぐ必要はないし、目についた糞尿の山にいちいち駆け寄り、わざわざそこに分け入って、その悪臭や汚れについて文句を言う必要はない。私は通り過ぎることができる。世のなか全般の不正や不完全さ、そこに存在するすべての不幸のゆえではないにせよ、私は内心で騒ぎ立てねばならない。ここでも、自分の母親への態度について、ユングが言うところの「良識ある人」であることが重要である。西洋の思想では、神は善であり正義であるという観念が、そうであっても世界中に悪や苦しみが観察しうるという事実とどのように折り合いをつけうるのか、という神義論の問題が重要な役割を果たしてきた。この疑問は、世界や生命をその存在の事実性に解放すれば解消するだろう。

　自らの本性に自分自身を解放することは、「魂」のイメージのプロセスに自分自身を解放することとは大きく異なる。ここではもはや、魂の水のなかで泳ぐのを学ぶことが問題なのではない。むしろ、ここで問題になっているのは、自分自身の主観性の完全な展開というトピックであり、それは自分になること、完全な意味で〈私〉になることである。なぜなら、私が私の存在の主

体（誰か、あるいは何かの権威の下に置かれた者、従者［Untertan］）となり、自分自身にとっての客観的な他者となる限りにおいてのみ、私は近代的な主観性という意味での主体であるからだ。それは、心理学的な大人に成長するための移行であり、自分という存在は自らの願望や理想に基づいて形作られる必要があるという素朴で子どもじみた考えから抜け出すことであり、単なる可能性という状態から現実へと、つまり、「未来時制」から「完了時制」へと移行することである。子どもは本質的に、未来という心理学的なステータスのなかで、願ったり、望んだり、想像したりというモードで生きている。真の意味での大人はそうではない。論理的にも心理学的にも、未来を置き去りにし客観性のなかへと、あるいは可能性から現実性へと踏み出したからこそ、その人は大人なのだ。未来は、完了時制においては、単なる止揚される契機へと引き下げられている。大人は未来（願望的思考）をもう脱している。このようにして、大人というのは、成長し落ち着きのある男であり、成長し落ち着きのある女（練り上げられた男、練り上げられた女［ein gestandener Mann, eine gestandene Frau］）である。大人になった人間は、論理的に自らの後ろに未来を有しているので、心理学的には自由に、経験的・実際的に未来の計画を立てることや具体的な予防策を講じることができるし、しばしばそうであるがゆえに未来への不安に圧倒されることもある。これらすべては、子どもには未知のことである。

　しかし、未来について不安に思うことは、それが未来をコントロールしたいという自我の願望を表すものなので、いまだ成長が完全ではないことのサインであるとも言える。自分自身への完全な自己解放によって、起こりうる出来事の進行をその流れに委ね、受容的に出来事をあるがままに、そしてあるべきさまに向かわせることもまた可能となる。完全な自己解放はこのようにして、その個人を存在のシンプルさへと解放するのである。

5. 自身を自らの病理へと、そして自身の概念を概念なるものへと解放すること

　神経症という用語は、狭義の特定の意味で使われることもあれば、あらゆ

第4章 自身を解放することのもつ癒やしの効果

る種類の心的障害を包摂するより広い一般的な意味で使われることもある。しかし、このこととは全く別に、ユングの著作において、それは二つの異なる意味で使われている。筆者が考えるその違いは、神経症の心理学的な価値、すなわち、その評価にかかわっている。

■ 神経症の一つの意味は、完全に否定的なものである。神経症は真に病んでおり、徹底的に克服される必要がある。このような意味合いは、11歳の時にユングが自らの子ども時代の神経症とそれをいかに克服したかについての記述に最もよく示されている (*MDR* pp.30 ff.)[*59]。ユングが当時患っていた神経症は、学校に行かねばならない時や宿題をせねばならない時に決まって起こる失神発作であった。それが治癒する転機となったのは、ユングが「現実との衝突」(p.31) というお気に入りの言葉で表現した出来事である。出来事の詳細に立ち入る必要はない。重要なのは二点である。まず第一に、彼は自らの神経症と純然たる意志の力で一貫して戦った。失神発作が起きそうになるたびに、彼は「くそ、失神発作は起こらない！」（筆者訳）とよくある道徳的な激によって応じ、勉強することを自らに強いた。このようにして、この症状は短期間のうちに根本的に克服された。第二の重要な側面は、そこでの彼の洞察（「それは私に神経症とは何かを教えてくれた」［筆者訳］）である。その洞察によれば、この神経症はもっぱら「ありとあらゆる策略」によるものだった。「私自身がこの不名誉な状況全体を設えていた」「すべての事件は、私の側の悪魔的な筋書きによるものだった」、そしてそれゆえ、自らを恥じた (p.32)。この意味での神経症は、その欠点を補うようないかなる価値ももち合わせていないことがわかるだろう。そのような悪魔的な筋書

---

*59 これについては、以下の拙著において広範に論じた。*Der Jungsche Begriff der Neurose*, Frankfurt/M, Berlin, Bern, New York, Paris, Wien (Peter Lang), 1999.〔訳注：河合俊雄・猪股剛・北口雄一・小木曽由佳訳（河合俊雄監訳）『ユングの神経症概念』創元社、2021年。〕

きは、根絶やしにされる必要があるからだ。
- ■神経症のもう一つの意味とは、たとえ卑しむべきものとして発現するとしても、ユングにとって神経症は、心理学的に固有の価値をもつ、というものである。「神経症のなかに隠されたものは現実には、未だ発達していない人格の欠片であり、魂の貴重な欠片であるからだ」という言説には、自らの神経症を免れることは、治癒ではなく切除であることが含意されている。「その否定的な側面だけを見る神経症の心理学は、産湯もろとも赤子を捨てることになる」(*CW* 10 § 355 筆者改訳)。「それ（神経症）は癒やされるものではなく、それがわれわれを癒やす」(§ 361 筆者改訳。ユングはこの文章全体を斜体にしている)。「個人が自身に欠けている価値を見出すのは、まさに自身の神経症においてである」(*CW* 7 § 93 筆者改訳)。神経症についてのこのような理解が示すのは、「自己実現への要請（衝動 [*Trieb*]）」である。「われわれは、人格の遅滞した成熟について語ることもできるだろう」(*CW* 7 § 291)。

　これら神経症に関する二つの考えは明らかに対立している。それらは互いに排反する。二番目の見解によれば、ユング自身の子ども時代の神経症への反応は（実践的にも理論的にも）、治癒ではなく切除であろう。そうではなく、「（自身の）神経症を取り除かずに、それが意味するところを、それが教えるところを、そしてその目標と目的が何かを見出すこと」(*CW* 10 § 361 筆者改訳)、それがユングにとっては重要であった。そして反対に、もしわれわれが神経症の第二の意味に対し、第一の見方を適用するとすれば、後者の受け止め方を、神経症を容認しているものとして、つまり、「神経症的な憶測を非常に真剣に受けとめ」「それゆえそれに取り込まれている」(*CW* 10 § 365 筆者改訳) ものとして批判しなければならない。神経症者と同じおもちゃの馬に乗っていることを理解しなければならない (cf. *CW* 10 § 362)、ということである。

　神経症に関するこれらの矛盾した見解のなかに存在する問題を解決するために必要なのは、われわれがここで抱えているのは、語義曖昧 (*equivocation*) の事案であるという洞察であろう。ここでは、神経症という一つの言葉が、根

本的に異なる二つの心理学的現象に用いられている。筆者が神経症という言葉をとりわけ用いる特別なタイプの現象は、いくつかの非常に明確な特徴をもつ、ある一つの魂の状況である。なかでも最も重要な特徴の一つは、神経症が、客観的には時代遅れでありどうしようもなく失われてしまったことがすでに知られている魂の真理を、今の現実として、かつ絶対的な真理として、事実に抗い、そして執拗に確立するための神経症的な（自我ではなく！）魂による策略や舞台装置である、ということである。その反事実的な性質のため、それは現実それ自体を変えることはできない。神経症は、経験的な現実においては、支配的な本当の現実の内側にある裂け目のなかで、病気、病理、神経症的症状といった主観的で悲惨な形態でしか、自らの偽の真理を作り出すことができない。ある個人のなかでは生きていて（神経症的に）ある一つの虚偽を賛美したいという魂の執拗で絶対的主張が、真の神経症を神経症的にする[*60]。

　ユングの用語において神経症という名で呼ばれているこれとは別のタイプの現象は、本物の神経症の場合とは異なり、決して魂の側の「恥ずべき筋書き」や舞台装置の結果でも、神経症的な自己矛盾の結果でもない障害という形態をとっている。本物の神経症の症状や病状は、それ自体が目的である。それらは魂によるパフォーマンスであり、デモンストレーションであり、魂の意図による産物であり、それ自体の内側に目的と充足をもつ舞台装置である[*61]。第二のタイプの病理現象は、それとは対照的に生産的で革新的である。それは、自分自身の一形態と完全に同一化し、それゆえ、あまりに硬直化し固まり皮殻で覆われてしまった自我人格がもつ諸条件の下での魂それ自体の無邪気で、自律的で、驚くほど活発な自己顕示である。このように自分自身を示す魂の欠片は、その個人の人格の分裂した（抑圧された）部分であったり、これまでその個人の人格とは決して結びついたことがなかったため、初

＊60　以下の拙著も参照のこと。*Neurosis. The logic of a metaphysical illness*, New Orleans, LA (Spring Journal Books) 2013, now London and New York (Routledge) 2020.

めて顕現する全く新しい部分であったりもする*62。より重要で興味深いのは、魂の新たな側面が発現するような場合であろう。

　ユングは、「神経症」や「神経症的」がもつ二つの異なる意味に気づいている。通常はせいぜいそれをほのめかす程度だが、例えば、彼が以下のように述べる時、それは明白である。

　　最悪の場合、自分の病の意味を理解すれば、彼（患者）は神経症に耐えることさえあるだろう。一人ではなく複数の患者が私に、自らの神経症的症状を感謝*63をもって受け入れることを学んだことを認めた。それは、

---

*61　ヒステリー、強迫、恐怖症、神経性食欲不振症などについて少し考えてみてもらいたい。このことは、ユングの子ども時代の神経症がその「悪魔的な筋書き」という性質にもかかわらず、最終的には、本物の神経症（厳密な意味での神経症）の全き純粋な例としては取り上げることができない理由でもある。失神発作は目的を達成するための手段であった。ユングが学校へ行くことや宿題をすることを免除されたように、それはそれ自体の外側に目的と充足があった。本物の神経症の症例として部分的に不十分である理由は、失神発作が、自律的な魂によってのみつくり出されるのではなく、ある程度、自我の意図性、すなわち、自我の願望や目的のなかに起源をもっていた、ということである。神経症的症状の絶対的に強制的な力は、自我がそれらと何も共有していないという事実に由来している。自我は、神経症において自律的な魂の策略の無力な犠牲者である。しかし、ユング少年の場合、自我だけが失神発作に責任があるわけではないが、それをつくり出すことに加担はしていた。ユングが、今悟りを開いた自我の努力を通じて、比較的、容易かつ早くに、すべて自分自身によって自らの子ども時代の神経症を克服することができたのはこのためである。

*62　「……その個人の人格の分裂した部分であり、これまでその個人の人格とは決して結びついたことのない部分……」（*GW* 10 § 364）。ユングは二つの異なる可能性を想定している。人格の内側からかき立てられる部分は、分裂して抑圧された部分でもありうるし、初めて発現しようとしている、全く新しい予期せぬものでもありうると。英語版全集では「……あの分裂した断片、それがこれまで彼の一部であったと仮定して」と訳されていて、ユングの言わんとしていたことが伝わらない。

第4章 自身を解放することのもつ癒やしの効果

それらの症状が、一つの指標のように、自分がいつどこで自らの個としての道筋から逸れてしまったのか、そして、自分が重要な事柄を無意識のままにしていたのかを、変わらず彼に教えてくれたからだ（CW 16 § 11）。

つまり、彼は神経症を心理学的に生産的で助けになるものと考えていた——ここでは、適応の喪失に対する警報システムとして。しかしその一方で、彼は同じ論文のなかで「人は、本物の神経症の心理学の領域のなかで動いている限り（im Gebiete der eigentlichen Neurosenpsychologie）、フロイトとアドラーいずれかの見方を捨てることはできない」（§ 24）とも述べる。ここでは、第一の意味、すなわち、純粋に否定的な意味において神経症が語られている。そしてこの場合、「本物の（eigentlich）」という修飾的な形容詞を加えることで、彼はそれを他の推定される意味とは異なるものとして示している。おおまかに言えば、神経症には二つの対立する意味があり、それに従えば、特定の神経症的な患者の治療にとって、「小児の視点か適応の視点か、いずれの視点から神経症を治療すべきかを決める」（CW 10 § 349）ことが非常に重要である、というのがユングの神経症概念の特徴である。ここでの「小児の視点」という言葉は、フロイトやアドラーのような一面的に還元的な解釈を指している。しかし、「小児」と「適応」という用語が問題を複雑にするのは、ユングがその少し前の345パラグラフにおいて「小児性」とは何かについて、それは「極めて両義的なものであり」、ある場合には、これらの「『小児的・倒錯的』空想を揺りかごまで遡るよりも、その創造的な内容のゆえに精査したほうがよいのかもしれないし、

---

*63　CW 10 § 361 参照。「われわれは、それに感謝することさえ学ぶべきである……」。この感謝の理由はここでは、神経症が「彼を癒やすための自然の試みである」からだ。このことは、われわれが「何が癒やすのか？」を問うているという文脈においては、非常に驚くべきことである。なぜなら、それは（示された意味で理解されるなら）神経症それ自体を治癒の主たる要因に含める必要があることを意味するからだ。

すべての神経症を失敗に終わった、あるいは、そうでなければ、歪曲した願望充足としてというよりも、一つの適応の試みとして理解したほうがよいのかもしれない」とまさに主張している点なのだ。

　逆に言えば、先に引用された拙著にあったような意味において筆者が本物の神経症と呼ぶものと同様、ユング自身の子ども時代の神経症もまた、新しくなった状況に適応することに対する魂による拒否の結果として考える必要があるのかもしれない、ということになるだろう。だからこそ、神経症を「適応の視点から」見るというユングの言葉もまた曖昧なのだ。つまり、ある神経症を適応という視点から見ることは、新たな「『他の』人格」を創造する魂の試みを意味しうるし（これはユングの趣味に合う）、あるいはまた、神経症を自らの新たな、すでに理解された真理を受け入れることに対する魂の頑なな拒否であり、ある偽りの真理（ある神経症を徹底的に神経症的にするもの）への魂の自身の囲い込みであると見なすことをも意味しうる。

　しかし、ここでは、神経症と呼ばれているものの生産的で創造的な形態の論理についての議論を続けたい。意識は自分自身を自らの態度のなかに隠す。ユングはしばしば一面性について語った。しかし、この明らかな一面性よりも深い心理学的問題は、自我人格（あるいは自我意識）が生きている形式（態度）が、自我人格と完全に同一化しているために、機械的に、ルーチン的に生きられるという事実であろう。いわばある種、自動的に、その生命、すなわち、生命を吹き込む魂はそこから消え去り、結果としてその形式は自分自身を独立させる。それは、抽象的、あるいは骨化された態度として、それ自体の力によって何かになっただけでなく、それ自体が何かに、実際には、心理学的生命の支配原理となったのである。

　これは一つの解離である。自我人格は、自らの生き生きとした魂から切り離されている。しかし、この解離は神経症的な解離ではない。そこには、（厳密な意味での）神経症的なものは何もないからだ。そのような解離とその一面性は、分割、すなわち、一つの抑圧という心的な（無意識的な）行為の結果ではないし、一つの舞台装置でもない。それは、同一の態度やその結果として続く

習慣形成という継続的な実践を通じた「魂の喪失」という、ほぼ正常で、ゆっくりと進行するプロセスの結果である。それを通して、意識は知らぬ間に型にはまり、意識の形式や態度は、ルーチンという性質を帯びるようになる。

そのような魂の傾向や魂の真理の自発的な活動と自己主張に関する小さな日常的で無害な例は、フロイトが錯誤行為（*Fehlleistungen*）と呼んだもの、すなわち、フロイト的失策である。それらは、他のタイプの魂の全く新しい側面の最初の立ち現れであるというより、（常にではないが）分割された、あるいは抑圧されたものの何らかの顕現であることが多い。それは、その個人（彼の意識）が事実上、もはや適応できない状況のなかに自分自身がいることを知ることにより、前面に押し出される[*64]。

意識の態度の硬直化は結果として、その柔軟性の喪失につながり、このことはひいては、新たな状況に適応する能力が失われることを意味する。意識の態度が部分的に骨化しているにもかかわらず、魂は（論理的な）生命であり、そうであり続ける。それは力動的であり、時間の流れのなかで自己を展開してゆく。生物学的に誘発される人々の成長や老化に加えて、魂の観念もまた、最初の立ち現れ、若々しい熱意、批判的な反省、ゆっくりとした成熟、そして最終的には分解されて取って代わられるという諸段階を経過する。さらに、社会制度などだけでなく、魂が客観的に文化的な作品という形態において産み出したものが、魂それ自体にも影響を与える。魂は突然、自分自身が産み出したものよりも前に存在していたのとは全く異なる状況に自分自身が置かれていることに気づく（現代の科学技術による今日の世界の急激な変化について考えてみれば、わかるだろう）。そして、この新しい心理学的な状況は——それが生物学的な老化や自分自身の思考に内在する論理的なプロセスによって、あるいは、自分が生きている世界の自己生産的な変容への曝露によって引き起こされたものであるとしても——、魂がそれに適応することを要求する。しかし、意識としてその抽象的な習慣的態度と硬直的に同一化した魂は、自分自身から解離することになる。そのような魂は、新しい状況に自分自身（すなわち、その論理的な形式や構成）を同調させる柔軟性を失っている。自分自身が曝さ

れていることに気づいた、その客観的な変化をシンプルに受け入れる能力を失っているのだ。このような心理学的な状況をユングは以下のように定式化した。

　　意識は自らが耐えられない状況や課題に直面している。意識は、自分の世界がどのように変化したのか、そして再び適応するためにはどのような態度を取らねばならないのかを理解していない（CW 9i § 61 筆者改訳）。

---

*64　ユングの思考において、適応は重要な概念である。彼がそれを使う時、適応は、人が生活する社会の慣習や規則への適応という外的で社会学的な概念ではない。ユングの概念は心理学的なもので、それは常に自分自身の状況に適応することを意味している。新たな状況が外的なもの（自然で社会的な生活条件の一つ）であったとしても、心理的な適応が意味するのは、内的で心理的な適応、すなわち、それを通して意識、その態度が心理学的に現実の状況に相応しいものとなるような、意識の構成（その概念、カテゴリー、予期）の変化である。その個人が外的条件に服従するか、あるいは、それと戦うか、対抗するかは、それとはかかわりがない。自分自身を「外向きに世界と現実に」適応させることと、自らの「自己への、魂の力への適応」（CW 10 § 326 筆者改訳）との間に、あるいは、「1. 外的状況への適応の阻害。2. 内的状況への適応の阻害」（CW 18 § 1087）との間に、ユングが区別を設けたことを、誤解を招く、いや、心理学的に全く間違っていると考えたのはこのためである。それは、〈内側〉と〈外側〉との間の近代的な神経症的解離を招くものであり、正反対の二つの方向性を示唆するものであろう。それは、魂にアプローチするためには、内側を見ること（「内観」）が必要であることを示唆する。しかし、私の夢でさえも、決して私の内側にはない。私は目の前にあるそれらを見ている。ここでは、ユング自身が他の場所で指摘していることを念頭に置く方がよいだろう。「私のリアリティーの概念は、こころの領域でだけその正当な場所を獲得し、それをそこに移す時、相矛盾する説明原理としての心と物、精神と自然（そして、〈内側〉と〈外側〉を加えたい）との間の葛藤に終止符が打たれる。それぞれが、私の意識の領域になだれ込む心的な諸内容に固有の源に対する単なる呼称となるのである」（CW 8 § 681 筆者改訳）。心と物（意識の経験、内容、対象としての双方）であって、〈内側〉と〈外側〉との対立ではない。適応は常に変わらない。経験の内容がどのように変化したとしても、それは適応なのである。

第4章 自身を解放することのもつ癒やしの効果

　このような状況によって、自我人格や自我意識と世界との間に痛みを伴う軋轢や葛藤が生じうる。しかし、このような軋轢や葛藤は、主として社会的・文化的な領域や、そのような葛藤をあれやこれやの方法で解決しようとする意識的な試みに属するものであろう。われわれの文脈において心理学的にもっと重要なのは、慣れ親しんだ抽象的な形式に完全に同一化し、それゆえに安全に箱に入れられた意識は、内側からの魂の破壊的な活動によっていつの間にか浸食されうるという事実である。結局のところ、われわれはここで、解離の一つの例を取り扱っている。生きた魂は、単に消えてしまった、すなわち、完全に除去されてしまったわけではなく、硬直した自我意識としての魂が、生きた魂としての自分自身から切り離されているにすぎない。今や生きた魂は再び下から蠢き、症状という形で自分自身を感じさせる。この種の心理学的障害を形成する病理現象においては、魂の諸側面は、無理やりに意識のなかに入り込もうとする。意識が現在の形式に強固に同一化すればするほど、下部からの魂の蠢きは病理的なものにならざるをえない。意識の固定化した形式に収まりきらないがゆえ、それは症状という状態に追いやられる。抑圧されているというよりも、ここではそれは単に排除されているにすぎない。「生きられるべき、あなたのなかの何かが孤立している。誰もそれに触れず、誰もそれを知らず、あなた自身もそれを知らない。しかし、それは蠢き続け、あなたを混乱させ、あなたを落ち着かせず、あなたに平安を与えない」(*CW* 18 § 632)。それは「共に生きる (*mitleben*) ことを欲している［あなたの人生に参画することを望んでいる。あなたが実際に生きている人生における統合的な部分となり、さらに重要なことは、個人としてのあなた自身の自己定義の一部になることを望んでいる］」(*Erinn.* p.331) *65。

　それゆえ、その種の心理的症状は、注意喚起以上のものである。それらの

＊65　『自伝』における「それはここに留まっているからだ」(p.329) という訳はポイントを外している。

症状はそれ自体、生まれ出ることを欲している、新しい人格、新しい態度、意識の新しい構成についての最初の直観である。ユングが適切にも「個人に欠けている価値観を見出すべきは」まさにそのなかである、と述べたのはこのためであり、それらは魂の貴重な欠片を含んでいて、それゆえ、癒やされるべきものではなく、われわれを癒やすものなのである（そこでの「癒やし」とは、魂が再び自分自身に一致し、意識が再び適応すること、すなわち、その新たな状況に適応することを意味している）。そのようなわれわれの症状を、われわれの「魂の貴重な欠片」を治そうとすることは確かに一つの切除に等しいと言えるだろう。

　神経症は、神経症的解離が自己関係としての、そして自己制御システムとしての魂の根本的で徹底的な分裂を意味するという事実によって特徴づけられる。それに対して、その病理が、排除された魂が共に生きること（mitleben）を欲して執拗に起こしている攪乱の表現であるような心理学的障害もあって、それはまさに十全な魂の自己制御の働きのゆえに生じる。

　ここには、根本的な違いがある。明確な鑑別診断という意味ではそれゆえ、後者のタイプの症状と純粋に神経症的なタイプの症状との区別をすることが心理学的な実践では重要であろう。ちょうどそれは、（魂の自家製舞台装置としての）心理学的な病が、単なる心的な障害、不具合、欠陥（これらは、結局のところ幼児期に限ったことではないが、個人の生育歴における好ましくない条件や体験から因果的に引き起こされるもの）と区別される必要があるのと同じである。しかし、先に指摘したように、心理療法を求めて来談する人という意味で「症例」について語ることは避けるのが適切かもしれない。より適切なのは、それぞれ、そしてあらゆる病理現象に適用されるものとして、鑑別診断という課題を理解するというアプローチであろう。(a) 神経症的な諸特徴、あるいは一つの完成された神経症、(b) 魂の生命から切り離された意識という観点から理解すべき症状、(c) 原因をもつ障害、これら三つのあらゆる組み合わせは、同時的にせよ、異なる時期に表面化するにせよ、ある同一の個人において見出しうることもありうる。もちろん、ある特定の診断に現実の患者を頑なに当てはめようとすることで、自らの抽象的な形式に同一化してしまう意識と同じ種

第4章 自身を解放することのもつ癒やしの効果

類の罠に陥らないことは、心理療法にとって必須である。しかし、それはあまりに頻繁に起こる（「彼女は神経症である」「彼は境界パーソナリティである」等）[*66]。

　変化に十分に順応できるだけの柔軟性を失えば、もはや意識は世界の変化に適応できない。そのような意識にとって、症状という形態で意識のなかに押し入ろうとする魂の諸側面は、完全に了解不能なものである。そのような意識は、症状にはその個人に欠けている価値がまさに含まれており、それがもたらすことを全く認識できない。意識は、症状のなかに全く不合理で病的なものしか見ない。理解できないだけではなく、全くもって無意味であり、それゆえに、それらを理解しようとする価値すらないと考えるのだ。骨化していないとしても、硬直した意識としての魂は、結局のところ、生きた魂としての自分自身から切り離されている。

　症状は理解できないだけでなく、意識を脅かす存在でもある。それは、意識が自分の価値基準に惚れ込んでいるからだ。意識は、それを最高で、かつ絶対的に正しい価値基準として大切にしており、それゆえに放棄できない。それは不可欠なものなのである。

　これが症状に対する自我の見方である。すでに見てきたように、心理学的な見方においては、これとは反対に、症状は、それに苦しむ個人へのメッセージや意味をもつものであり、その人に欠けているものや必要としているもの、すなわち、魂の真理や価値基準、いやそれどころか、魂それ自体の失われた生命をもたらすものである。

　自我の体験としては、そのような症状を、その各々をパンドラの箱に擬えることができるだろう。それらが自我にとっては悪の箱であるからだ。箱の蓋を閉めて、それらの邪気が出てこないようにする必要があるのはこのためである。自我が理解していないということはいわば、たとえひどく不安を喚起する症状という形であっても、それらの悪をコントロールするための蓋で

[*66] 心理療法における診断の問題については、本書第4章の2、72頁を参照のこと。

ある。神話が語るように、パンドラが自らの悪の箱を開けたゆえに、悪は世界中に無秩序に広がることが許された。このように箱が開く以前には、箱の内側でよく囲われ、安全に抱えられていた中身であったものは今や、解き放たれ、〈存在〉それ自体に浸透し、人々がそれらに曝されるようになる。

　心理学的に言えば、パンドラの箱のイメージは助けになりうる。起こらねばならないのは、ある種の「あらゆる価値基準の再評価」のみである。箱のなかに入っているものは、正確に言えば、悪ではない。むしろ、箱のなかに入っているものは、魂の本質的で不可欠な小片であり、尊い魂の真理や魂の価値基準なのである。そして、箱の開封は、無分別な好奇心による残念な失敗ではなく、心理学的に必要不可欠な事柄である。症状と呼ばれる箱のなかにあるものはそこから出される必要があり、世界に自由に解放される必要がある。そのことによって、私はそのなかに自分自身がいることに、すなわち、一つの真理としての症状に全方位を取り囲まれていることに気づくのである[*67]。それは今や、その（症状の、あるいは魂の真理の）〈観念〉、〈概念〉、*Begriff*（概念）として、意識それ自体の論理的な構成に浸透しうる。これが、ユングが述べた意識の新しい「態度」に相当するものであろう。それにより、意識は再び適応することが可能となる。

　それと同時に、その症状は消えているはずである。「未開封のパンドラの箱」的性質をもつ限りにおいて、それは症状なのである。意識がそれに曝され、その内的な論理構造のなかで再定義されるよう、症状に含まれているものが現れ出た瞬間、つまり、そこにあった中身が力をもち、認められ、理解される真理や意味、あるいは概念に変化した瞬間、症状という形態は解消される。

　症状とは、魂の真理であり、単なる対象や中身というステータスに押し込

---

*67　このことと、先に第4章の1において告白について述べられたことを比較してもらいたい。

第4章 自身を解放することのもつ癒やしの効果

められた、すなわち、——ある行動やある心的な感情、時には身体の現象でさえある——口もきけず目も見えない「事実」というステータスや形態に押し込められた概念である。そのため、それは事実として、原則的に意識から排除されている。筆者は、(「神経症的」という特異的な意味で言えば、非神経症的なタイプの) 心理的症状は、新しい人格の最初の立ち現れであると述べた。それらは、意識に押し入ろうとする最初の生きた魂の立ち現れであるとも言えるだろう。しかし、魂は症状として、魂のない形態で、すなわち、実体化され、物のような、あるいは、経験的な出来事として現れる。これがまさしく「最初の立ち現れ」の意味するところである。症状がもつ魂の性質、すなわち、ユングが意味やメッセージと呼んでいるもの、筆者がその真理や形式や概念と呼んでいるものは未だ封入されていて、経験的な事実のなかに体系的に隠されている。だからこそ、われわれは症状を「無意識」に配属する。それらは、基本的には、考えられたり理解されたりする必要のないものとして現れるという意味で、原則において無‐意識的であり、考えられていないものなのである。

　しかし、魂の最初の立ち現れとして理解される症状というものは、印刷され封印された書物のようなものである。本はその内側に、詩や小説、哲学的な洞察を包摂しうる。しかしながら、書物としての書物は、正確に言えば、意味をもたない経験的な事物である、つまり、意味をもたないものは、メッセージを示すことはない。対照的に、その書物のなかの詩は事物ではない。それらは意味をもっているし、概念的である。しかし、それらは、読まれたり聞かれたり、印刷された文字としてではなく、意識的に受けとめられ理解される時にのみ、魂や精神のなかに存在する。症状はこのように、心理学的な精神にとって、(言葉、言語とは対照的に) 書くことと同じ論理的な構造を、すなわち、拘禁の論理をもっている。

　この種の障害の場合に心理学的に必要なのは、本を開いて理解すること、「書くこと」の実体化されたサインを読み取ること、つまり、生きた言葉に変換することである。かつては対象や事物であったものが、言語的に、概念的

に、すなわち、思惟にならねばならない。これは、物質への封入からのメルクリウスの精神の解放を主張する際、以下のように、錬金術が念頭に置いていた事柄であろう。物質、すなわち、第一質料のなかにある物理的なもの（文字的なもの、書かれたもの、エクリチュールとも言えるだろう）に自覚的であれ。記号、書物、事物、事実的な出来事という最初の立ち現れの形式に囚われるな。書物から精神へ、物のような事実から生きた思惟へと向かえ。

　ユング派の世界においては誰しもが、症状は理解される必要があり、その意味とメッセージが意識化される必要があることに同意するだろう。症状である閉ざされた書物はまず、開いて読まなければならない。しかし、この意味での意識化という重要視されてきたプロジェクトは、実体としての事実や事物から精神や生きた思惟への移行として、通常、メルクリウス的に理解されているかどうかは疑わしい。むしろ、望まれている意識への統合は、「無意識」と呼ばれる地下室にある図書館から「意識」と呼ばれる上層階の別の図書館へ、意味について書かれたものを含む書物が空間的に移されるといった具合に、非常に実体的にイメージされ（扱われ）ている。書物それ自体は今や、明らかに意識のなかに現れている。しかし、それは開かれず、読まれず、理解されない。意味やメッセージは、物のような何かのまま、すなわち、意識の対象や内容のままである。意識は、それについて考える必要はなく、それについての思考として存在することも、そうである必要もない。メルクリウスを元型的意味と呼ばれる対象に閉じ込めたまま、心理学者は、そんな「本屋」として生計を立てることになる。患者の側では、自らの新しい貴重な書物を所有することを誇らしく楽しみ、「意味」を見出したこと、自分自身で「神や女神」を発見したことについて大喜びし、「ヌミノース」や「聖なる」もの（これは、神経症の構造を解体せずそのままに残しながら、心理学の特定の学派のなかに患者を解放することについて筆者が先に述べたことと軌を一にする）への心なき崇拝に埋没することが可能なのである。

　心理学的に、あるいはメルクリウス的に理解すれば、実際に書物を読むこととしての「意識化」や「意識への統合」には、それとは反対方向の動きが必

第4章 自身を解放することのもつ癒やしの効果

要になる。書物を意識のなかに下からもち込むのではなく、私が書物のなか、すなわち、そこに書かれていることのなかに潜り込むのである。書物の喩えを離れ、それが表していたもの、すなわち、症状に戻れば、私は私自身を私の症

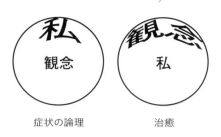

症状の論理　　　　治癒

状へと、私の病理へと解放し、私自身をそこに陥れ、そのようにして論理的に私自身をそれに曝し、それに私自身を埋め込む必要があると言えるだろう。そうして、私はそれのなかにいる、すなわち、それに取り囲まれている。私は私の症状の奈落に、すなわち、論理的否定性に居を定める。このことによって、それは自身を開き、それは自らの意味やメッセージを明らかにする。これが「理解(understanding)」の意味するところである。

　このようにして初めて、症状の側もまた、それ自身のなかへと、自らの概念、自らの真理のなかへと解放される。それはそれ自身へと帰還し、それが最初から内包的にそうであったもの、しかし、経験的な事物や事実としての最初の立ち現れの外観の背後に隠されていたものに明示的になる。今やそれは、事実から言葉、概念、そして魂へと、物質から主観(私がそのメッセージを聞き*68「わかること」)へと、存在論から論理／ロゴス、精神、生きた思惟へと変容する。概念的になることによって、それはついに、私のもとへ帰還し、私を貫き、私に浸透することができる。その時にこそ、それが私の(新しい)真理(あるいは、私の真理の一つ)になる。このようにして初めて、それは私の意識の論理的な構成のなかに統合され、ユングが言うように、私の態度は変化し、意識が再び新たな世界に適応できるようになるのである。

　自分自身の病理との関係は、自分自身への、そして、前節で述べた自らの存在や本性へと自分自身を解放することの特別なケースであることがわかるだろう。私は、症状やその精神的な内容が私を襲い、私に浸透するのを許さねばならない。私は、自らの症状の奈落へと、論理的な否定性へと陥り、そ

こに居を定めねばならない。この意味において、ユングは例えば、「私の恐れがあるところに、私の進むべき道がある」と言うことができたのだろう。「不安は常に自らの課題を指し示す」「恐れることは課題を孕む」(*Letters 2*, p.517, to Victor White, 8 January 1949, resp. p.509, to Dr. S., 30 September 1948) と。

〈私〉がその症状に陥ることの必要性を主張してきたわけだが、ここからは、そのトピックの第二の側面について論じたい。ここでは、「論理的に自分自身をそれに曝し、自分をそれに埋め込む」という正確な定式化に耳を傾けることが不可欠である。ここで言う「論理的に」が意味するのは、私の存在の字義性と実体性のなかに、私の死すべき本性のなかに、私ではなく、私自身を埋め込む必要はない、ということである。それは経験的な行動でも、実存的な移行でもない。私はすでに私の本性の一部としての私の病理のなかに埋め込まれている。むしろ、この埋没性と暴露は、論理的で心理学的な運動である。潜り込むことは、私自身についての私の概念、私の自己定義という水準で起こらねばならない。自分自身を解放すること、自分自身を落下させることが意味するのは、これらの課題を達成しなければならない主体や行為者としての私自身についての最初に有力だった概念がその場を譲り渡すことである。そのことによって、私が実際存在している概念のなかに私は陥れられ着地する。私は変わる必要はない。私の概念、あるいは私の諸々の概念が変

---

*68 本当の意味での聞くこととは常に、自らが下に潜り込み、服従し、聞かれるべきものに自分自身を取り囲ませることである。筆者は、拙著『夢との取り組み——魂の自分語りへのイニシエーション』において、分析的な心理療法は、「語ることによる癒やし (talking cure)」ではなく、「聴くことによる癒やし (listening cure)」と見なされるべきであることを示唆した。これより以前、グレッグ・モゲンソン (Greg Mogenson) は、「聴くことによる癒やし (Listening Cure)」という言葉を、すでに以下の著書の第5章のタイトルにおいて用いている。話すことにおいて、話す主体は、それ自身が優位な立場にあり続ける。話すことは常に、論じられる対象としての何かについて語ることなのである。*The dove in the consulting room. Hysteria and the anima in Bollas and Jung*, Hove and New York (Brunner-Routledge) 2003.

第4章 自身を解放することのもつ癒やしの効果

わらねばならないのだ。個人としての私は、実存的に、治療の対象や焦点ではない。治療の目的は、私の変容ではなく、私の個性化でもなく、私が自身になることでもない。魂づくり（soul-making）とは、『夢との取り組み』（第3部「心理療法──心理学の形成」の章）で説明したように、心理学づくり（psychology-making）である。心理療法についての実存主義的な理解はすべて、個人主義的な過誤に由来する。それは、私自身が最も重要で、治療の中心であるという近代的な自我の肥大した要求である。治療とは、われわれの概念、観念、教義、理想、われわれの意識[*69]の治療であり、われわれがそれとして存在する個人の治療ではない。個人は禁忌であり、触れてはならない。

　本節でわれわれが関心を寄せているのが、実体性という論理的ステータスから論理的否定性への変容である限りにおいて、それは次章の治療的な作業に関する箇所でも論じることになるだろう。なぜなら、このような変容は、錬金術が発酵性の腐敗、昇華、蒸留、気化の名の下に達成しようとしたものだからだ。しかし、これらの用語が示唆するように、この種の仕事はそれ自体、論理的に否定的な作業であり、再帰的に進行するものであり、自らの内的なメルクリウス的本質への第一質料の反映なのであり、内在化なのである。

　ここで、自己解放の様々な形態についての議論を終えることにする。いずれの場合も、自分自身を解放することが、治療の目的であり、治療の方法であり、同時に癒やしの要因でもある。心理学や心理療法においては、通常であれば想定される目的と方法と結果の分離は保持されえない。方法は目標への道ではなく、それ自体が目標である。そして、この目標は同時に癒やすものでもあるのだ。

[*69] デビッド・ミラー（David Miller）の観念の治療という考えについての仕事は重要であり、参照のこと。

第5章
意識への働きかけを通した治療的な効果

　自分自身を解放するということが意味するのは、受動的に手放すことである。ここからは、それとは反対の態度、つまり、能動的に行為すること、そして、意識に鋭く直面することについて考えたい。本書の冒頭で、筆者は、魂の作業がもつ非直接性の大切さを強調した。しかしながら、これから目を向ける意識への働きかけは、明確な直接性によって特徴づけられる。にもかかわらず、それは、癒やしの効果へと向けられた焦点や意志のもつ直接性というわけではない。むしろ、それは、具体的な個人の心的現象、症状、神経症的な反応、今日の気分や感情、患者の望み、恐れ、幻想、空想や夢のイメージなどへの直接のアプローチである。それは、治療のなかに、すなわち、治療者が日頃の仕事を地道に行うことのなかに姿を現すあらゆるものに、ヒーラーではなく、セラピスト（*therapeutē*）が付き添うことである。心理学的に言えば、大切なのは、思惑や自我の計画抜きに、手元にある個々の現象に公正に向き合うことなのだ。

　それゆえ、これから議論する必要があるのは、治療者による患者への働きかけであり、患者自身が次第にそれを引き継ぎ、自分自身に対して実践し続けるようになる働きかけである。それは、魂の対話的な自己関係であり、最初は面接室の二人の人間に対人的に投影され、その二人の間で分配され、演じられているが、後には、魂の自分自身との内的対話として患者の意識に統合されるべきものである[*70]。そして、意識への働きかけにも異なるいくつかの種類がある。

1. 自身を解放することへの「抵抗」に働きかけること

　これまで「自身を解放する」というタイトルで語られてきた態度と、これから「意識への働きかけ」というタイトルで語られる態度は対極にあると、筆者は先に述べた。けれども、「自身を解放する」という領域においてさえ、このような意識への積極的な働きかけが完全に排除されるかと言えば、そうではない。患者が他者に自分自身を開き、プロセス、あるいは自分自身へと、そして症状へと自分自身を解放することが十分になされているかどうか、あるいは、手放す能力にはっきりと働きかけることがまさに必要となるので、その点において抵抗がないかどうか、ということについて、常に疑問を呈すことが可能である。

　しかし、そのような作業の精神とは何なのだろうか。筆者は今しがた、「直面」と「抵抗」という問題を孕む二つの言葉を使った。それらの言葉からは、抵抗をやめて自分自身を解放すべきであると、患者の意識に明示的に、暗示的に、あるいは知らず知らずのうちに行使される、ある種の圧力を連想するかもしれない。それが治療者の抵抗を克服したいという単なる内的な願望という形であるにせよ、そこに圧力は存在する。それは、逆転移を通して自らを圧力と感じさせるような類いの願望である。筆者の治療への理解において、このような圧力は倫理的に許されない。筆者が思うに、治療者としての私には、相手の人格や主観性の核、すなわち、相手の自由に干渉する権利はない。ここに示唆されている意味でのいかなる圧力も、患者の主観性のもつ最奥の聖域への侵入であり侵犯である。たとえ相手が自らを留保したり、自らを開かなかったり、治療に来てもなお関係やプロセスに自らを解放しないことがあったりしても、私は相手の自由を尊重する必要がある。私は心底か

＊70　プラトンによれば、魂とは、魂が自分自身と繰り広げる対話である。(*Sophistes* 263e: ... entòs tês psychés pròs hautèn diálogos áneu phones... Cf. also *Theaitetos* 189e: lógon hòn autè pròs hautèn he psychè diexérchetai).

ら、これを彼の正当な権利として尊重しなければならない[*71]。治療は、真の自由の精神においてなされねばならない。そのような精神とは、外在的で早期の（予備的な）形態の（主観的‐情緒的ではなく、客観的な）愛なのである。

　「抵抗」という言葉は、客観化された道徳的な圧力である。また、Widerstandsanalyse、すなわち、抵抗分析を実践することは、分析家が主観的かつ能動的に圧力をかけるか否かという問題とは関係なく、抵抗を克服するために制度化された道徳的な圧力をかけることを意味する。これが、自らの心理学的な語彙から専門用語として抵抗という言葉を筆者が排除する理由である（非専門的、すなわち、口語的な意味でそれを使うことはまだあるだろう）。基本的には、筆者はユングに倣い、抵抗という観点から考えることはしない。

　これまでに述べてきたように、他者をその人がそうであるがままに、すなわち、自らの願望や要求から解放し、論理的なレベルで、他者がいかなる欠点、愚かさをもっているとしても、いかなる恩知らずな行為、悪行を行っているとしても、さらには、いかなる倒錯行為や犯罪行為に手を染めている可能性があるとしても、それを純粋に許すという態度は、患者の意識への働きかけにも適用される。それはすなわち、治療者が実践すべきことでもある。

　それゆえ、ここで論じられてきた意味や領域のいずれかにおいて、患者が自分自身を解放できていないことに対するいかなる働きかけも、鏡を掲げて彼らの姿をそこに映すという形でしかありえない。そのなかで、彼らは、自分が何をしているのか、その態度や行動がどのような結果をもたらすのかを

[*71] 以下のユングの言説を参照のこと。「この点で、私は医師として患者にいかなることも要求できない。……患者が自らの信条、精神的な成熟、教育、出自、そして気質などに応じて決断することを、私は認めなければならないのだ。……私は患者の最終的な決定について判断を下すことはできない。なぜなら、私は経験上、あらゆる強制が――それが提案であれ、示唆であれ、その他の方法の説得であれ――最終的には、自分自身とだけいるという、あらゆるもののなかで最高かつ最も決定的な経験にとって障害にしかならないことを知っている……」（CW 12 § 32）。

理解する。同じように、ここでの「患者に直面させる」は、理解されるべきものを、具体的に指摘し、正確に描写し、明らかにすること以上の何ものでもない。また、例えば「見るにたえない」等と、治療者としての私がそれをどのように感じているのかを表現することもありうるが、その場合にも、それは常に越境がないような形で行われる。私の治療的な反応は、言うならば、私と患者の間のテーブルの上に置かねばならない。テーブルからそれを手に取るも、そこに置いたままにするも、私としては、それは患者の自由であり、手に取った場合にも、彼らが必要とするように、それを理解し、使用（処理）するのは自由である。つまり、患者は自由に、それを誤認することも誤用することもできるのだ。

2. イメージ、夢に取り組むこと

　この作業は主として、魂の産物への手工芸のような、入念な取り組みである。各々のイメージを公正に取り扱うための観点をもって、セラピスト (*therapeutē*) がそれに献身的に注意を向けること、すなわち、「イメージにスティックすること」はここでは、特にわかりやすい。これが治療における作業の大部分を占めているのは事実だが、それは別に上梓した拙著全体で詳細に議論した主題なので、ここでは扱う必要がないだろう[*72]。夢のイメージへの手工芸のような作業は、ひいては、告白に、魂づくりに、そして、狭義でのイメージのプロセスに、さらには、（次節のトピックである）「啓蒙」にも奉仕する。言うまでもなく、夢に取り組むことは、イデオロギーの形成や、地下を擬したイメージ・プロセスのなかに自分自身を閉じ込めるために悪用されることもある。

　夢への取り組みが魂ある心理学に基づいて行われる場合、すべての解釈の

[*72] このトピックについては、著書を上梓した。*Working with dreams. Initiation into the soul's speaking about itself* (forthcoming).〔訳注：ロンドンの Routledge 社より、2020年11月に発刊された。〕

地平や参照枠となるのは、陳腐な日常生活や夢見手の個人的な連想ではなく、文化の歴史全体に顕現するような、客観的で自律的な魂であることがとりわけ重要である。夢のイメージを人間的、あまりに人間的なものへと、既知の意識の内容や自我の欲望や恐怖へと還元したいという現代人の強力な願望に対しては厳密に、治療者は魂の代理人（vicarius animae）であらねばならないし、魂という立脚点と、魂の（人や夢見手についてではなく）自分語りとしての夢のイメージの双方を守り擁護しなければならない。これは、先の第3章と第4章の1でそれぞれ見てきた二種とはまた異なった意味での「魂の代理人」である。ここでの治療者は、ある意識のレベルにおける魂の観点をそのように代表する者であり、それがプロとしての治療者のスタンスなのだ。

3.「啓蒙」としての治療的な取り組み（隠された幻想を暴き、焼灼すること等）

　錬金術の格言に「余計なものはすべて焼き尽くされる（*Omnes superfluitates igne consumuntur*）」というものがある。ここには、本節で論じられる作業の精神が示されている。

　もちろん、それは、す・べ・て・のケースに適用できるわけではないし、一つのケースのなかでも、す・べ・て・の治療状況に適用できるわけではないタイプの治療的作業である。患者が、大人の顔に隠れて心の奥底で怯えている、無力で傷ついた人間の弱さをただただ露呈しているにすぎないような場合に、このアプローチを適用するのは全くの間違いだろう。このような場合には、この隠れている個人こそが本物の心理学的なリアリティーであり、それは、そのようなリアリティーが存・在・し・、自らを示し表現するためのスペースを与えることによって支持される必要がある。われわれはここでは、単純で神経症的ではない苦しみを取り扱っている。分析家にできる最善のことはプロセスの邪魔をしないことである、というユングの助言と同じく、ここでの治療はおそらく、イメージのプロセスに自分自身を解放する道筋を歩む必要があるのだろう。意識的で批判的な反省の冷たさは、遠ざけねばならない。

　対照的に、われわれは、神経症的な自己価値の問題、自己憐憫に耽ったり、

悲しく感傷に浸ったり、他人や人生全般に対して要求がましいケースに出会うことがある。ここでは、意識的で批判的な反省が不可欠であり、その作業は、根底にある幻想的な前提を明らかにするものでなければならない。一般に、神経症的な状態というのは、この種の治療的な作業にとっての特別な活動領域である。どのようなアプローチがどの治療状況に適しているかを知るには、心理学的な感受性と機転が必要とされる。この種の作業は、一見すると自律的なイメージのプロセスとして、あるいは、二つの魂の領域がその全体性において触れ合うことの効果として、地下に蠢くものとしてというよりも、覚醒した意識のなかで行われる。精神の覚醒と理性的な知性が求められ、自らの患者の神経症がもつ構造を見抜き、分析的に理解する必要がある。それはある種の外科手術、すなわち、削減である。そこでの支配的なイメージ、理想、原理のもつ暗示的な力[*73]やそれらとの神秘的融即、さらには、神経症と患者との隠された共犯関係や交歓関係は、解消されねばならない。神経症の患者は、自身の幻想から醒める必要があり、それに正当に対処するには、外科医の（主観的ではなく客観的な）残酷さが必要なのだ。

　ここで必要な作業は、神経症を客観化することである。患者は、自らの行動、反応、あるいは発言が神経症的である時にはいつでも、そしてどこでも、それがいかに、そしてどのようにそうであるかを正確に示されねばならない。そのためには、「黒は黒」と言う必要がある。例えば、「あなたが今言ったこと、これこそがあなたの神経症が語っていることです」「こう反応することで、たった今あなたは自分の劣等感（あるいは、権力や母親等々の）コンプレックスに囚われてしまっています」等。そのような患者の感情を庇護する必要はない。なぜなら、そのような必要性に思いを巡らすことが、神経症的な反応を畏怖と禁忌のアウラで包み、それこそが神経症という製粉器にとっての穀物となるからだ。神経症においてわれわれが扱っているのは、数学の宿題で生

[*73] Jung: *Suggestivgewalt*, see GW 7 § 269.

第5章 意識への働きかけを通した治療的な効果

徒がする間違いとまさに同じようなもので、大騒ぎするようなことではない単純な誤りであり、筋の通らない教義である。ただ単に、どこで何を間違えているのかを詳細に明らかにする必要があるだけなのだ。

　神経症の客観化という作業もまた、一種の職人芸のようなものなのだが、夢がそれを求めると筆者が述べた類いのものとは違うし、魂づくりやアニマのための夢のイメージの世話（*therapeia*）でもない。それは、共感や神秘的融即の精神に基づく、イメージ、感情、内的な像への個人の一意専心ではない。元型的、あるいは神話的な拡充やジェイムズ・ヒルマンが推奨したエピストロフィ（*epistrophē*）はここでは決して通用しない。むしろ、現象に対する批判的な距離が必要である。分析家の意識を、しばしば非常に巧妙にカモフラージュされた神経症的な仕組みに引っかかることのないよう、守ることが必要なのだ。ここで必要とされるのは、見通すことである。しかし、それは、ヒルマン的な意味で「現象のなかの神」を見通すことではなく、現象に内在する論理、すなわち、その帰結である論理的な動きを見通すことなのだ。

　ここでの目的は、心理学的な成人期への明示的な参入である。そして、この種の治療が行われる心理学的な領域は、アニマではなく、アニムスの領域である。歴史的に見れば、私たちは否定しようもなく、近代という時代にいて、近代性とは、自らの背後にある断絶を、あるいは、それを生み出した断絶を、すなわち、それらの二重性（アニマとアニムスとの差異）を伴っている。方法論的には、近代は啓蒙主義の伝統と実践を引き継いでいる。

　結局のところ、これは脱神話化の作業である。なぜなら、先ほど述べたように、ここでの目的は、心理学的な成人期への明示的な参入だからだ。そして、その意味するところは、何十年も前にフロイトに宛てたユングの手紙を後年になって目にした時のユングの発言からもうかがい知ることができる。「私にとって、それ（フロイトに宛てた手紙）は残念ながら、私の青春時代に満ちていた信じ難い愚かさを思い起こさせるものでした。夢想の国から現実に戻るまで、長い時間がかかりました。私の場合の『天路歴程（Pilgrim's Progress）』は、私という小さな土塊に手を差し伸べることができるに至るまで、千もの

階梯を降りる必要からなっていたのです」*74。

　脱神話化という言葉はあまり正確ではない。単純に言えば、神経症は、本来の神話や神話学、あるいは元型とは何のかかわりもないからだ。むしろ、神経症とは、抽象的な原理、絶対的な教義、無条件の主張や要求からなる夢想の国のような場所に魂が居着いている状態である。原理というのは抽象的で形式的なものだが、元型的イメージはそうではない。原理や教義は、「魂」の歴史における根本的な断絶の後にのみ可能である。そこでの意識は、神話の世界を後にし、反省と思考の世界、つまり形而上学の世界に参入している。しかし、神経症を構成する絶対的な原理や揺るぎない教義は、歴史的に言えば、近代という世界を住処とするものである。近代とは、魂がもつ形而上学的な伝統とのつながりさえも断ち切った、もう一つの根本的な歴史的断絶の後に訪れた世界なのだ。神経症において挙行される諸原理の絶対性のゆえ、一見すると「ヌミノースな（numinous）」アウラのようなものが、神経症的な夢想の国の周囲につくり出される。神話から数千年も隔てられた現代人の精神は、そのようなアウラを元型的なもののもつ本物のヌミノース性（numinosity）と混同してしまう。

　狭義の神経症はある種の取引である。「魂」は、その個人の経験的な不幸を、辛く心をかき乱しやっかいな症状による苦しみを受け入れ、実際的な幸福への願望を手放すことにやぶさかではない。それと引き換えに、「魂」は、絶対的な原理と教義を称揚することによって得られる心理学的、あるいは論理的な至福を手にする。つまり、そのような原理や教義は、大地のはるか上にある夢想の国に「魂」が住まうことを許し、結果として、この現世を超越した視点のために、地上の生活は、単に考えがたいものに見えるのとちょうど同じように、突然、平凡で卑しいものに見えるようになる。治療の課題は、この取引を詳細に明らかにし、この眼前にある神経症において作動している

---

*74　*Letters I*, p.19, to Freud, 11 February 1910, note 8. From letter by Jung of 9 April 1959.

第5章 意識への働きかけを通した治療的な効果

特定の原理や教義の正体を暴き、それらの原理や教義を、それが筋の通らない幻想的なものであって、解離や偽り（他者だけでなく自分も偽ること）というまやかしによってのみ、筋の通ったものに見えていたということを明らかにする、厳しい検査にかけることである。

　もし、患者が患っているのが本当に狭義の神経症であるなら、病んでいるのはその患者ではなく、魂の態度、考え、教義が病んでいるにすぎない。この場合の治療は、個人、人間、人格全体の治療ではなく、観念、幻想、そして欺瞞への働きかけということになる[*75]。重要な違いである（反対に、ユングはそれでもなお、神経症は全人格の病であることを強調した[*76]）。治療者として私は、患者が基本的に健康であり合理的であると信頼する必要がある。この基本的な健康状態を彼らに帰属させ、患者との治療関係において、まずそれ（健康な部分）と関係を結ばなければならない。私は神経症の最初の印象深さに騙されてはならない。それを、すなわち、神経症を現実として受けとめてはならない。私は神経症を非現実として、幽霊として見通さねばならないのだ。

　ここでの治療の課題は観念への取り組みであるので、それは主として知的な作業でなければならないし、意志を喚起することは避けねばならない。例えば、抵抗という観点から考えることで、意志は喚起される。重要なのは、神経症の誤りや筋の通らなさを示すことであって、患者を神経症と戦わせることではない。なぜなら、神経症はそれ自体、最初から自分自身と戦っているからだ。神経症は、熱風がパンパンに充満したゴム風船のように、破裂しなければならない。意志の力で戦うべきものも、努力によって乗り越えるべ

[*75] この個人の病と観念の「病」の区別は、本物の神経症の場合には、われわれがそれを行う必要がある。しかし、いわゆる人格障害において、その区別はその病それ自体が現象学的なレベルで行うものとなった。このような事例では、患者本人よりも周囲の人が苦しんでいる（ように見える）ことがよくある。例えば、あまりにも自惚れが強く、非現実的な理想主義者であるため、それが他人の負担となることがあるのだ。

きものもそこにはない*77。神経症には立つべき足がない。それは徹底して偽物である。それは裸の王様である——絶対性と大いなる権限を主張するがゆえに王なのであり、その主張が空虚であるがゆえに裸なのだ。明らかにせねばならないのは、このことだけである。あるいは、このことは、神経症的な魂自身に最初から明らかなことなので（通常、自我にとっては決してそうではないが）、自らの目を欺き続けるのを妨げることで、未だ暗示的な自らの知識に「魂」は明示的に直面させられる必要があるのだ。

---

*76 「その仕事は、神経症にかかわるものではなく、人間にかかわるものである——実際、それこそが医学的心理学の大きな特権である。それは、全人格を治療することであり、人為的に分離された機能を治療するものではない」（CW 10 § 354. Cf. also ibid. §§ 337 and 338）。このような見解は、ある意味で、心理学者ユングの人間的・精神的な階位を示しているが、それはいくつかの点で間違っている。事実として治療されうるのは病のみ、すなわち、神経症だけである。「全人格」は、治療的には全く接近不能である。第二に、「全人格」は、その（というかむしろ、神経症的な魂の）誤った思考としての神経症から正確に区別されねばならない。神経症は、その個人に投影されてはならないし、背負わせてもならない。それらの混同は治療上、逆効果をもたらす。第三に、倫理的な理由から、全人格は一つの禁忌である。われわれはそれに焦点を当ててはならない。患者の全人格は、（理論的にも）触れないままにしておかねばならない。第四に、「全人格」という観念、錬金術の全人（homo totus）は、患者ではなく、分析家側のものである。私がこの種の観念を適用できるのは、主体、すなわち、私自身だけである。「全人格」は、対象であってはならないし、外側に、すなわち、他者のなかに思い描かれてはならない。それは遠くに設定された治療の目標として期待するものではない。全人（homo totus）として治療的作業に入るという課題を負っているのは、治療者としての私である。「全人格」は、私が治療を執り行う方法のもつアルケー（arché）であり精神でなければならない。

*77 ユングがいわゆる子ども時代の神経症を純粋なる意志の力で克服し、それに成功したことは、それが（神経症的な）魂だけによって演出された本物の神経症ではなく、ある程度、自我-人格によるものだったことを示している。他方、ユングの「畜生、失神するわけがない！」という言葉は、「全人格」を扱わず、神経症的な教義（「私は学校に行かなくていい」）によって触発された神経症的なメカニズムだけを排他的に扱っている明確な例であろう。

第5章 意識への働きかけを通した治療的な効果

　神経症的な魂は、自分が知るべきことを知っている。しかし、神経症的な魂は、その洞察から必要な結論を導き出すことを悪意をもって望みはしない。例えば、母親はこの25年間、私が望んでいたような愛を与えてくれなかったのであるから、今日も明日もそのような愛を与えてくれるとは期待できないことを、神経症的な魂はよく知っている。しかし、それは、反対にそれを期待し続けることを主張する。神経症的な魂は、母親を、そして、推し量ればあらゆる人を、奇跡が起こらない限り変わらない「絶望的なケース」であることに解放するのを拒むのである。すなわち、母親に割り当てられた概念（「母親」という概念）と直ちに同一であることを求める私の要求から母親を解放し、単に私の母であるという役目をたまたまつとめることになった人間であることを認めるのを拒否しているのだ[*78]。

　一般的に、神経症とは、現実の世界に入ることへの拒否であると言えるだろう。心理学的な観点から見れば、その世界の入り口には、以下のダンテの言葉が見えないように書かれている。この門をくぐる者は一切の希望を捨てよ[*79]。もちろん、現実世界に存在することは、絶望しながら存在することであると言っているわけではない。そうではなく、単に、希望や期待、願望的思考[*80]といった心理学的なモードを手放し、物事や人々が現実にどうなって

[*78] ここでは、すでに引用したユングの言葉を想起するのが適切だろう。「良識ある者（ein Wissender）であれば、そのような意図や責任、義務、天国と地獄といった膨大な重荷を、一人の弱くて欠陥のある人間にすぎない――愛と寛容と理解と許しに値する――われわれの母に背負わせることは、公平に考えてできることではない」（CW 9i § 172）。「われわれの母親である人」＝われわれの母親という役目をたまたまつとめている人、ということである。

[*79] Dante, Divina Commedia, L' Inferno 3, 9: "Lasciate ogni speranza, voich' entrate." ダンテにとって、地獄とは、あの世の特別な領域である。しかし、われわれにとっては、地上的で経験的な現実の最奥の本質を単に示すものである。

[*80] 大人であることと、未来をすでに脱却していることについては、先（第4章の4の一番最後）にも述べた通りである。

いるかに従い、それを理解し、この意味において、物事がどうあるのかから人が教わることを許すという経験的な態度に到達しなければならない、ということなのだ*81。

けれども、神経症のまさにポイントは、経験によって教えられ、自らの洞察から結論を導き出すという自然なプロセスを妨げることにある。それら洞察はすべてそこにあり、その内容は結局のところ、例えば「母は私を十分に愛していない」「正当に愛していない」といった神経症者がいつも嘆き悲しんでいる類いのものである。しかし、神経症的な意識は、そのメッセージを（完了形の）達成された事実として受け取らず、とりわけ、自分自身を新たな地平や立脚点としてのこの洞察にしっかりと位置づけ、そこから他の領域に分け入るということはしない。いや、メッセージは缶詰にされる。意識の眼前において、錬金術的にガラスの器に封じ込められ、あるいは、金色の檻に囚われているゆえ、それは、意識による不信感や嫌悪感や怒りをもって、単なる意識の内容や対象として永遠に見つめられうるものを飼っておくという目的で冷凍保存されるのである。そこでの洞察は、単に美的に、感傷的に、情緒的に受け取られる。あるイメージを用いれば、以下のように言えるだろう。自分の皿の上にあるものをじっと見つめて、それを食べ飲み込むのを避けるために、それについて嘆いている人がいるとする。それを食べ飲み込むことが意味するのは、それが最終的にその人の体系のなかに（意識の形式のなかに）すべて統合されることであり、そのようにして、それは始末される。そうして、それはそれ自身の結論に至る。しかし、神経症のまさにポイントは、皿

---

*81 ここで筆者は、ゴットホルト・エフライム・レッシングからの以下の素晴らしい引用にもう一度言及したい。「あなたのすべき義務に関しては、（もしあなたがそれをすでになしたのであれば）それを聞いたり学んだりするのが私の義務であって、それを推測したり予想したりすることではない（*Was dir ziemt / zu tun, ziemt mir, erst zu vernehmen, nicht / vorauszusetzen.*）」。また、ビオンの「経験から学ぶ」という言葉も頭に浮かぶ。

の上のものを食べないことであり、カップのなかのものを飲み干さないことである。

　自分のカップを空にすることに対する、この種の神経症的な拒否の極端で、しかも滑稽なケースは時折、以下のような患者の抗議に見られる。「なぜ私が治療に通い、自分を治すためにこんなに懸命に取り組まなければならないのでしょう。なぜ、私は回復するためにこんなにも多くのお金、時間、努力を費やさなければならないのでしょう。結局のところ、私の心の問題の原因は、両親の虐待だったのです。彼らの虐待やそれに伴い被った精神的なダメージで辛い思いをしなければならなかった私が、今さらにそのダメージを癒やすための代償を払わなければならないのは、ひどく不公平ではないでしょうか」。

　このような患者は、経済や環境の領域では正当である「汚染者負担原則」を心理学の領域にも適用しようとしている。

　その患者が子ども時代に両親によって実際に虐待され、そのことによってこころの問題が引き起こされたのであろうと、あるいは、このような両親に対する非難がすでに神経症的な非難ゲームの一部であり、同じ類いの神経症的なごまかしであろうと、そこには何の違いもない。いずれにしても、そのような患者の言い分は、神経症的な罠である。ここは心理学の世界であり、経済や社会という世界ではない。「汚染者負担原則」は適用されない。傷の原因が何であるのか、誰であるのかは全く関係がない。もし私が自分の不注意で足を折ったとしても、あるいは、誰かに階段から突き落とされて足を折ったとしても、それは私の痛みであり、私が足にギプスをつけなければならないことに、私がしばらく自由に歩けないことに変わりはない。そのダメージは**私のもの**であり、もし私がそれを克服することを**欲する**のであれば、もちろん何かしなければならないのは私である。私を階段から突き落とした人が罰せられたとしても、私には少しの助けにもならない。

　そのような患者の「不公平だ」という訴えに対しては、例えば、筆者は以下のように応じることもある。「でも、あなたが自分で努力して治す必要はあり

第5章　意識への働きかけを通した治療的な効果

ません。セラピーに来る必要はないのです。自分の問題や傷に対して何もしないで家にいることもできます。誰もあなたに強制していません。問題はただ、**あなたが**どうしたいかということだけです。**あなたは**治りたいのですか、それとも、そうではないのですか。治らないでもいいのであれば、何もする必要はないのです。しかし、もし**あなたが**治りたいのであれば、当然、**あなたが**自分のエネルギーを使うという対価を支払わなければなりません。それは完全に**あなた**次第です。**あなたの**選択なのです。あなたが健康であるかどうかを誰も気にかけてはいません。でも、おそらく**あなたは**気にかけていますよね」と。同様の精神でユングは以下のように述べている。「しかし、どんなに両親や祖父母が子どもに対してひどいことをしたとしても、真に大人である人間は、それらの過ちを、考慮すべき自分自身の条件として受け入れるだろう。他人の罪に関心をもつのは、愚か者だけである。なぜなら、彼はそれを変えることはできない。賢き者は、自分自身の罪からしか学ばないのだ」(*CW* 12 § 152 傍点筆者)。

　心理学的に言えば、患者の思考のなかに働くこのような訴えは、彼には治療に対する動機づけがないことを示している。そのような患者は、お腹が空いたら誰かが、すなわち、母親がすぐにやって来て、食べさせてくれなければならないと思う赤ん坊のようなものである。赤ん坊であれば、これは適切だろうが、大人になった患者の場合はそうではない。

　治療への動機づけが意味するのは、自分の病はあくまでも自分の問題であり、自分の責任であること、自分はそれほどの問題を抱えているわけではなく、自分が問題であることを患者が理解することである。このような気づきがもたらすのは、**自分**――自分の思考、自分の態度、自分の意識の形式――が変わる必要がある、という自覚なのだ。

　ここに述べたような形で、責任や責務を他人、例えば、親に負わせようとするのは、素朴で子どもじみた形態の防衛であろう。それは、外的現実や社会的レベル、すなわち、人々とその相互作用のレベルにおいて作動している。より繊細でそれとはわかりづらい防衛は、内的なままでいて、論理的な移行、

すなわち、認知や冷静な分析から感情や情動への移行に働きかける。それは情動化の防衛機制と呼べるだろう。経験した悪い出来事についての冷静な認識が、個人的な情動に変換される。これは、患者側が頻繁に行う防衛であるだけでなく、治療者側もそれを支援していることが非常に多く、特定の治療形態、つまり、感情を中心に据えた治療形態においては、「制度化」されていることさえある。そして、患者と治療者は共に、患者の人生で起こった出来事がどれほど辛く、どれほど耐え難いものであったか、死や離婚によって両親を失ったことがどれほど恐ろしいことであったか、子どもがどれほど無力であったか、そして、大人になった患者が自分の身に起こったすべてのことに対して未だどれほど無力であるか、といった感情に耽ろうとする。*Trauerarbeit*、すなわち、喪の作業が必要だと考えるのだ（この概念はそれ自体神経症的である）。こうして、取り返しのつかないことが大いに嘆かれることになる。

このように、多くの場合、これらはすべて（典型的かつ排他的に近代的な[*82]）神経症的防衛である。それは、真実を単純に認識すること、患者の経歴に含まれる事実を受け入れること、それらをあるがままにすることに対する防衛である。何かが（客観的に）ひどく悲しいということを理解する代わりに、悲哀の作業は（主観的に）取り返しのつかないことを大いに嘆く。そのような場合、人はそれについて騒ぎ立て不幸に浸ることを好む。それが悪い出来事であったかどうかが、興味関心であるわけでも、重要なわけでもない。しかし、心理学的に重要なのは、正確にそれが何であり、どうであったかということである。大人は「それらの過ち（子どもに両親や祖父母の犯した過ち、さらには、これら苦痛に満ちた運命）を自分自身の条件として受け入れるだろう」というユングの言葉をつい先ほど引用したが、ヘーゲルはその一世紀以上前に次のような本質的な指摘をしている。

[*82] （厳密な意味での）神経症というものが本質的に近代的な現象である以上、これはむろん冗言である。

ギリシア人は、必然という心構えをもって、自分に言い聞かせ自分を落ち着かせる。そうなんだから、どうしようもないんだ、我慢するしかないんだ、と。……このような立場に依拠し「そういうものだ」と言うことであらゆる特殊性を脇に置き、彼はあらゆる特別な目的から、利益を放棄し抜き取ったのだ。……そこには……人間が利用できるいかなる慰めもない［また、必要でもない］。……慰めが必要なのは、その人が損失の補償を求める場合(のみ)である。しかし、ここでは彼らは補償を必要としない。彼らは自分が失ったものの内側にある根源を放棄した。彼らが手放したものを、彼らは完全に手放している[*83]。

　真に大人である人間、すなわち、自らの神経症から解放された人間が、たとえ古代ギリシア人でなくても、身につけていたのは、この必然という心構えである。心理療法では、失われたものの内的な根源を諦め、完全に帳消しにする、そのような態度が目指されねばならない。*Trauerarbeit*（喪の作業）という意味での悲嘆とは、失われたとわかっているものにしがみつこうとする、忌々しくも事実に反して自身の内側にある（神経症的な）決断であり、それを根絶やしにし、分岐させることへの拒否である。感情や情動について繰り返し訴えるのは、幼児化や自我への棲み込みという心理療法のもつ神経症的なプログラムなのだ。ここでは、ユングの以下の本質的な言葉が想起されるだろう。「適応していれば、情動は不要である。それは単に適応の欠如、すなわち、状況に対応できていないということなのだ。……それゆえ、感情をもつことは、病的な状態への道の途上にあるということだ……」[*84]。ユングが「適応の欠如」や「状況に対応」できないということで言わんとしたのは、まさに

[*83] G. W. F. Hegel, *Volesungen über die Philosophie der Religion*, Teil 2: "Die bestimmte Religion", newly edited by Walter Jaeschke, Hamburg (Meiner: Philos. Bibl. vol. 460) 1994, pp.381f. and 543f. 筆者訳（角括弧内のテキストは877行目の脚注に記載されており、このヘーゲルの講義の別の写しからの異本であることを表している）。

(喪失という文脈において）喪失したことがわかっているものを、魂が心から手放し帳消しにしてはいない、ということなのである。

　神経症がそれによって擁護されるもう一つのお気に入りの問いは、「これらの神経症的原理に何ゆえ私の精神は支配されているのか、何がそうさせたのか」というものである。この問いに対する簡単な答えは、私が（と言うより、私のなかの魂が）これらの原理を愛しているから、というものであろう。私はそれらを欲し、絶対的に必要だと思っている。その原因は、私自身がそれらにしがみつき、自分の大切な宝物として守っている以外にはない。その宝物は、私にとって私の命よりも大事なことさえあるが、少なくとも私の実際の幸福よりは、常に大事なものなのだ。

　この文脈においては、自らの神経症を克服したいと思うという神経症者のなかに起こる錯覚について言及しないわけにはいかないだろう。確かに、神経症者は神経症から解放されたい、少なくともその不快な影響から解放されることを願ってはいるが、それから解放されることを望んではいない。そこには重大な違いがある。経験的には、彼らは心から神経症から解放されたいと思っているが、心理学的には、神経症を手放すことを夢見ることはないだろう。願いは雲の上の国で起こるもので、白昼夢のようなものである。何かを願うことにはいかなるコストもかからない。何かを意志することは、全く別の事柄である。意志することが意味するのは、それを実現するためにはどんなことでもする覚悟ができている、ということである。怠惰な経験的願望と全く反対の心理学的な本物の主張との間に存在する典型的な神経症的解離を明らかにせねばならない。患者は、神経症から解放されたいという自らの経験的な願いが、純粋な理論であることを理解せねばならない。それは忘却されうる。それは重きをなさない。それは、心理学的な主張との間で何千回

＊84　C. G. Jung, *Nietzsche's Zarathustra. Notes of the seminar given in 1934-1939*, ed. by James L. Jarrett, Princeton (Bollingen Series XCIX, Princeton Univ. Pr.) 1988, vol. 2, pp.1497 f.

も相殺される。

　筆者は少し前に、神経症的な魂は、自分が知るべきことを知っていると述べ、一つの絶望的なケースとして自分の母親の例から始めた。神経症的な魂がすでに手にしているにもかかわらず、人生を生きるために自分自身の真の立脚点とすることを執拗に拒否する基本的な洞察は他にもある。なかでもよくあるのは、次のようなものである。

1. 私は心理学的に、形而上学的に、世界のなかで一人きりである（"*mutterseelenallein*"）。ユングは、「人間の無限の孤独」について語っている（*Letters 2*, p.586, to Berann, 27 August 1960）。私は——心理学的には——一人きりで「星間空間の静まりかえった空虚さのなかにいて」「そこでは、意識の冷たい光のなかで、世界の虚ろな不毛さがまさに星々にまで届いている」（*CW* 9i § 31+29）。経験的には私を愛してくれている人がいて、本当に私のことを思ってくれている人がいたとしても、洗礼という出来事においてキリストのことを思い、天からの声が以下のように告げたような意味では、形而上学的には私のことは思われていない。「あなたはわたしの愛する子、わたしの心にかなう者である」。私は一人きりであり、一つの原子のような主観性である。私はただの小さな土塊にすぎない。究極的には、すなわち、形而上学的には、私が存在するかどうか、私が幸せか不幸か、誰も私のことを気にはかけない。気にかけているのは私だけである。

2. 世界、すなわち、一つの全体としての生は、単に実際的で経験的なレベルから存在を昇華させるような絶対的なものにおいて、より高次の意味で、神聖なアウラに先験的に包まれているわけではない。そこには、人生の基本計画も、あらゆるものとあらゆる出来事がそのなかで定められた場所をもつ神の秩序もない。いや、何が起こるかは偶発的である。そうして、私は人生の苦難に曝される。現代の都市においてさえも、生活はジャングルでの生活である。よく気を配らなければならないし、かなりうまくやっていけるかもしれないし、それほどうまくやっていけないかもし

れないし、全くうまくやっていけないかもしれない。
3. 私の同胞である人間は、歩く理想ではないし、彼らの職務や仕事の概念（「母親」「父親」「医者」「裁判官」「教師」「配偶者」など）と同一ではない。彼らもまた、当たり前のように、ただの小さな土塊であり、堕落しやすい、ただ人間的で、あまりに人間的な者である。私は、彼らが彼らの概念と先験的に同一であるという期待から彼らを解放しなければならない。
4. 私を支える堅固な地盤はない。私は自分自身の地盤であること、自分自身の地盤として存在することが必要である。さもなければ、消滅する。
5. 私は特別な人ではない。私は何百万人、何十億人のなかの一人にすぎない。
6. いかなるものも私に先験的に提供されない。「そうか、人生において人は働くんだ！」（ユングの子ども時代の神経症を終わらせた洞察）。私は自ら活動的になり、自分で寝床を作らねばならない。そして、自分でそうした以上、そこに寝る必要がある。確かに、自分の寝床を作るという道徳的義務はないが、もし自分が寝床を作らなかったなら、自分が横たわる寝床はないだろう。私は自分自身の母親や父親にならねばならない。たとえ私の字義通りの両親が生きていて、私に良くしてくれるとしても、私が大人である以上、私には両親はいない。私はもう彼らの子どもではない。彼らと私は同じレベル、大人のレベルにいて、同僚のようなものである。何かを上手になりたいと思うのなら、勉強し練習しなければならない。もし関係を欲するなら、出かけてゆき、誰かを見つけ、ゆっくりと関係を築く必要がある。何事にも時間はかかる。一歩一歩、歩んでゆくしかない。
7. 人生とは、私のカップを飲み干し、私の分け前を全うすること以外の何ものでもない。左右を見て、他人の皿により良いものが載っているかどうか比較することなく、人生が自分の皿に載せたものを食べねばならない。彼らが何を得たのかは問題ではない。私にとっての唯一のものは、私の皿とそれに載ったものである。私にはこの人生しかない。これがそれだ！　そこには、代替案も選択肢もない。あたかもメニューが提供されるレストランのように、人生において、私はまだ食事をする前であるわ

けではない。いや、食事はしばらく前からすでに始まっていて、途中でそれに気がつくのだ。「注文」する時間はもう過ぎており、その際、私は決して何も言わなかった。人生において、私は何千もの選択肢があるスーパーマーケットにいるわけではない。人生にオプションはない。人生は事実であり、確定している。それがまだ続いているとしても、それは常に完了時制という形で、もう起こったもの、それゆえに実現された事実であるものとして生起する。重要なことは、常に完了時制に追いつくこと、それぞれの事実的な出来事によって自分に設定された目標に到達すること、それぞれの場合において、悲しみや喜びが注がれた私の杯として私に給仕されたものを完飲すること、しかし、自分の料理の良し悪しや他に得られたかもしれないものについて考えることに無駄な時間をかけないことである。食べ始め、皿を平らげなければならない。

8. もし自分が不利益を被ったり、傷ついたりしても、先に指摘した通り、自分自身以外の誰もその代償を払う必要はない。経験的・実際的には、私がダメージを受けるのかもしれないが、心理学的には、その悪いことを心理学的な金銭で相殺するのは、私である。それが私に与えた痛みに正直に苦しむこと、被害者であるという感覚をもって受動的にだけでなく、私が体験した被害を能動的に占有すること、つまり、それを真に自らのものにすることによって、それは相殺される。だからこそ、それはもはや、私に降りかかった外在的な事実ではなく、私自身の洞察、私の認識として占有される、この事実の内的真理なのである。

9. 人生は危険である。世界に生きていると、病気、犯罪、テロの攻撃、独裁者の残忍さ、不正、他人の虚言、悪意、非礼などに曝される可能性がある。現実の世界のなかに存在することは、損なわれたり、傷つけられたりすることを必然的に含んでいる。傷や不幸は、地上での生活の正常な部分であり、ありうることである[*85]。私は人生を手つかずのまま無垢で無邪気に生きることはできないし、そのように期待もできない。究極的には、人生は死に向かっているとさえ言える。

第 5 章 意識への働きかけを通した治療的な効果

＊85　このことは、2001年9月11日のテロ攻撃や、現在〔訳注：2020年当時〕のコロナ・ウィルスの大流行などの出来事に対する、心理学のサークル、とりわけユング派のサークルのなかで見られる反応について考える際、心に留めておく必要がある。筆者が念頭に置いている一つの反応は、そのような出来事を「トラウマ」として吹聴することである。そして、そのような「トラウマ」は当然のことながら、不安という心的状況を引き起こしたり、悪性の退行さえももたらす可能性があると空想したり、そうしたことを理由に、先手を打ってサービスを提供するといった心理学者側にある必要性である（電車や飛行機の事故で多くの死傷者が出た時、人々が「トラウマ」を負ったと感じることを望み、彼らにそう感じさせ、そのような人生における出来事を自分で生き抜くことができないという無力さを感じさせるために、心理学者がお決まりのように先回りして事故現場に派遣されるのとちょうど同じである――本当に病んでいる！）。疑いもなく、今日の西洋では、ヒステリー的に反応する絶好の機会を待っているだけという人もいるだろう。しかし、心理学者が、ヒステリー発作と見破れずに、「トラウマ的な」出来事によって自然に引き起こされる影響として、それらを絶対的に深刻に受け止めているとしたら、それは恐ろしいことである。そうだとしたら、彼らは患者と同じおもちゃの馬に乗っている。ユングはかつて、「天地に満ちる恐怖である主の全能なる影」といった価値あるものを念頭に置きつつ、以下のような疑問を投げかけた。「それは不安を抱くに値する対象なのか、それとも臆病、すなわち、自我のお漏らしなのか」（*Letters 1*, p.333, to Künzli, 16 March 1943. 筆者訳）。先の第4章の4の最後に、将来への不安について述べたことも参照してもらいたい。アフガニスタンやイラクのような国の人々は、爆発物で多くの人々がバラバラになるという、最も残酷なテロ攻撃にほぼ毎日のように遭い、それを実際に体験している。しかし、ヒステリックになることも、不安状態になることもなく、心理学者なしで、ただ冷静に合理的に、極めて現実的な恐怖を感じている。第二次世界大戦後、西洋の人々は――絶対的な例外と贅沢として――平和、安全、豊かさという幻想的なバブルに包まれて生活してきたように筆者には思える。コロナ・ウィルス危機は、少なくとも現〔訳注：その〕時点では、このバブルを少しだけ打ち砕き、おそらく一時的にほんの少しわれわれを地上に連れ戻し、本物の現実に接触させてくれたのだろう。本当の危険に満ちた「ジャングル」での生活としての生活である。筆者が出くわした一部のユング派の心理学者たちの二つ目の反応は、コロナ・ウィルス大流行を、魂がもたらしたものであり、ある一つの元型の表現として考えようとするものである。明らかな神秘化、迷信がそこにある。このパンデミックは、平凡な自然現象である。魂はそれとは何の関係もないし、そんなことに興味もないだろう。

これらはすべて、神経症的な魂によって認識され理解されている。しかし、それらは、絶対に受け入れられない、考えることもできないと表明される。これが神経症的な矛盾である（そして、それらを神経症的にするものである）。
　あるいは、それは少なくとも、神経症の在り方としての諸矛盾のうちの一つである。もう一つの矛盾は、すでに何度も遭遇しているが、神経症はそれ自身に対する防衛や戦いである、というものだ。神経症が存在するのは、それを神経症者が除去したいと思わせるからである。ここでわれわれは、三つ目のそれとは正反対の矛盾にたどり着く。(これによって、神経症において、病んでいるのはその人ではないという先ほどの主張に戻ることになる。)この場合、神経症者は、自らの神経症を飲み込むことで、すなわち、自分が病気であり、欠陥があり、心理学的に障害があると宣言することで、それを除去しようとする。彼は神経症に同一化する。これは神経症の一つの防衛として、すなわち、それが検出されX線を照射されないよう保護するために、ある個人の神経症の背後に隠れていると見通されねばならない。神経症者は、必要なものはすべて自分自身の内側にあると理解することを学ぶ必要がある。根底において、彼には何の問題もない。彼は普通の人間である。その弱さすべてのゆえに、彼は完璧である。間違っている、病んでいる、神経症的であるのは、彼のなかで働いている思考、教義、原理、期待、要求なのであって、彼ではない。
　これが、患者が変化する必要がない理由でもある。彼は何もする必要がないし、何も変える必要がない。それどころか、能動的で自発的な主体として、彼は一歩下がってその外側にいるようにしなければならない。それが、すなわち、彼の秘密の思考が変わらねばならないのであり、それは思うように指図してできるものではない。自発的に変化する、つまり、分解することが必要である。しかし、それが変化しうるために必要なのは、批判的な意識とこころの双方をもって、自分の考えの隠し部屋に立ち入り、そこに自分自身をあらしめ、そこで腰を据えることだけである。これが彼の実際にしなければならないことである。それは、冥界下りの際に、死者の影に血を飲ませ、彼らが少しでも話せるようにしなければならないのと似ている。自らの神経症

第5章 意識への働きかけを通した治療的な効果

のなかで働いている幽霊のように隠された原理に、自らの意識的な精神の血をいくらか与えて、それらの意識からの解離に終止符を打たねばならないのだ。一旦、無条件に意識のなかに入ってしまえば、それらはもち堪えることはできない。しかしながら、それらが本当に遠慮なく意識のなかにあり、意識がそれらを完全に所有している状態になるのはかなり難しいことであり、おそらくほとんどありえない。多くの場合、意識は自我や知性という安全な距離からそれらを「覗き見」しているにすぎない。この点では、意識は単に、その個人の神経症の魂である至高の原理の意味内容を認識するようになるだけであり、それらとその愚かさについて考えることはできるが、それらを考えることはできない。これは決定的な違いである。

　同様に、いわゆる「否定的な」イメージや「否定的な」結末の夢の場合、何かを変えたい、より良い、より"ポジティブ"なものにしたいと思うのは全くの間違いである。これは自我の操作であろう。次のような夢のイメージを例にとって考えてみよう。「ある家に引っ越すことになった。その家は老朽化していて、荒れ果てている」。これに対する自我の反応として考えられるのは、このような放置された状態を終わらせ、家を元通りにしなければならないという道徳的な要請かもしれない。しかし、心理学的には、これは全く間違った動きであろう。そして、それは、夢が私にせよと告げていることの拒否である。夢は私に、老朽化した家に引っ越せと言っているのであって、私が、少なくとも自らの道徳的な考えにおいて、すでに居心地の良い家に仕上がっている家に引っ越すことを望んでいるわけではない。私の思考の方向性において、私はすでに引っ越し予定の家を処分し、より良い家に交換してしまっている。けれども、われわれはイメージにスティックしなければならない。この家に引っ越すということは、老朽化、荒廃、誤り、間違い、傷に居住し、はっきりとそれらを占拠することを意味している。私は、批判的な意識だけでなく、こころをもって、感情とともに、老朽化した家に入らねばならない。それ以上でも、それ以外でもない。その老朽化が、自我である私によって、私の行動（そして、それは文字通りの行動というよりは、イマジナルな行動である）を通し

て修正され、消去される必要はない。いや、もし良い方向への変化があるとしたら、それは老朽化それ自体の自律的な変化でなければならない。

　逆説的に言えば、心理学的な真理は、(精神的に、イメージ的に) 家をきれいにして荒廃を解消したとしても、「魂」のなかの荒廃（ネグレクト）それ自体はそのままに留まる、ということである。それは、他の暗い隅に押しやられたにすぎない。そして、老朽化は、私の血、私の魂、私の全身全霊の現前によって養分を与えられ、全人（homo totus）の意識的な生命、全体的な人格に結びつけられた場合にのみ、それが望むように変化できる。それは、自身の老朽化性において占有され、留保なく感じ取られる必要がある。それが必要なことすべてであるが、それがわれわれの最も認めたくないものであることは明らかである。われわれはその夢を、似たような見た目の代理物でごまかしたいと思っている。けれども、それは、われわれが抱く改善したいという願望によって、全く異なる、まさに正反対のものになる。老朽化から起こりうる変化をそれ自体の動き、すなわち、それ自体の内側からの変容として受け取るというよりは、そのような変化が避けられないものになった場合には、どうやらその変化をコントロールすることにわれわれは固執するようである。

　例えば、家の地下室でネグレクトされ飢えている子どもの夢が見られることも少なくないが、これに関してもほぼ同じことを言わねばならない。ここで重要なのは、その子どもに文字通り食事を与えて飢えを解消することによってこの状況を改善することではない。いや、全く反対に、夢見手のこころ、精神、魂によって心理学的に、あるいは論理的に養われるべきは、子どものネグレクトと飢餓なのである。

　神経症の長期にわたる心理療法の過程では、隠されていた教義を一つずつ、隠れされていた場所から引っ張り出し、それらに光を当てねばならない。患者はそれらに自らの声をかける必要がある。それらの教義と争うべきではないし、それらを非難したり、克服しようとしたりすべきではない。警察や検察のような態度をとるべきではない。禁じることも、責めることも、「すべきではない」「あるべきではない」も、諭すこともない。また、そこにはいか

第5章 意識への働きかけを通した治療的な効果

なる非難もなく、人の顔から仮面を剥ぎ取りたいという精神による猜疑に満ちた解釈もない。反対に、意識のその段階におけるコンプレックスや教義を歓迎するべきであり、それらにこころを開いて耳を傾けるべきである。それらコンプレックスや教義に、公平な機会が与えられるべきである。それらは、自らの言い分を述べることが許されるのみならず、そう促されるべきなのである。しかし、そうしてみると、それらには言い分などないことが明らかになるだろう。王様は実は裸なのだ。そうすれば、教義は崩れ去り、空気に触れた古代のミイラのように塵となり、それを克服しようとする意志や努力は必要ないだろう。

コンプレックスや神経症的な原理の問題は、そのステータスが、千夜一夜物語に出てくる魔女のようなものであることである。一人の青年が砂漠の道を歩いていると、貧しくか弱い老婆が道端に力なく座っているのを見かける。青年は老婆に同情し、彼女を背負う。その後、旅を続けていると、老婆はどんどん重くなり、背後から青年を追い立てるようになる――これぞコンプレックス。ある人は「かわいそうだから」と、また別の人は他の感情でそれを背負う。そして、それは、人の背中に居座っており、そのようなものとして、目に見えない、触れられないものである。それは、その重さによってのみ自分自身を感じさせる。すなわち、主として雰囲気という性質をもっている。雰囲気は人の周りにあって、四方から人を包んでいる。前面に出させ、自分自身を示させることで、コンプレックスは、今や眺められ、名づけられ、説明されうるゆえ、意識の、そして意識の眼前の限定された具体的な対象に変えられる。それに対して距離を置くことができ、その結果、その正当性について検証することができる。その雰囲気という性質、魔法のようなアウラ、そして、事実確かであった力は消え去る。ここでもう一つのおとぎ話が思い浮かぶ。ルンペルシュティルツヒェン〔訳注：「がたがたの竹馬こぞう」〕である。この小人は、その名前が知られていない間は強い力をもっていたが、名前を呼ばれた瞬間、自分自身を引き裂かねばならなかった。

ここまでは良い。しかし、このように教義やコンプレックスを白日の下に

159

曝し、それらに自らの言い分を主張させることは、何度も繰り返さなければならない。神経症の終焉は、たった一度の洞察による一度限りの出来事ではない。その教義は、このように公然と歓迎されるたび、実際に崩壊することは真実である。しかし、それぞれの教義やコンプレックスは、何千部も存在する本のようなもので、崩れ去ったのは、たった一部のコピーにすぎない。かつて筆者の分析家だったヒルデガルト・ブーダー（Hildegard Buder）先生が用いた別のイメージで言えば、神経症的な教義が真に見通される一度一度というのは、太いロープの一本の糸を切るようなものである。しかし、何本もの糸が一本のより糸を構成し、何本ものより糸がロープを構成する。四分の三くらいの糸が切れて初めてロープは切れる。だからこそ、長い時間をかけた「徹底操作（working-through）」が必要なのである。それは、分析のセッション中や分析家の助けによるものだけでなく、患者自身によって面接室外の日常生活の様々な状況において行われる徹底操作なのだ。

第6章
新しさを通した、そして動きそれ自体を通した治療的な効果

　すべての新しい理論や技法は、すでに確立された理論や技法と比べた時、より大きな特別な治療的可能性をもっている。このため、そのより大きな治療効果は、この新しい理論や技法が確立されてゆく、時間の経過のなかで薄れていったりもする。また、時折、とりわけ難しい事例や希望のない事例は、初心者に治療を任せるべきだと言われることもある。それは、初心者というのは、未だ負の体験を背負っておらず、新鮮な気持ちと未だ衰えていない熱意をもって、仕事に取り組むことができるからだ。これが本当に良い考えかどうかはわからないが、いずれにしてもそれは、ここで真の治療的要因と見なされているのが、人が学んだこと、すなわち、人がこだわっている理論、治療者の長い実践経験というよりも、態度や熱意それ自体の新鮮さ、初心者の生き生きとした仕事への専心であるという見方を示唆するものである。

　神経症やその他の心的な障害においては、「魂」の論理的な生命が停滞している。魂は立ち往生し、同じ水路のなかをぐるぐる回っている。すでに過ぎ去った一つの〈現在〉が現在とすべての未来を支配しているのだ。これが背景である。治療の目標は、滞っているものに再び動きをもたらすことと、固まってしまったものを流動化することである。新しさが生命を与える効果をもたらすのは、このような背景となる状況があるからだ。それは新たにすることであり、驚きを与えることである。それゆえ、ここでのポイントは、新しいアプローチがこれまでのものよりもはるかに優れたものであるかどうか、それ自体がより説得力のあるものであるかどうか、より深い理論や技法

であるかどうか、あるいは、他のアプローチとの対比において、心理学的な問題に対する「真の答え」であるかどうか、ということではない。問題は、それが科学的な利点と威光を兼ね備えたものか、紛いもののアプローチかどうか、ということではない。筆者が言いたいのは、むしろ、新しい理論や技法に治療的な利益を与えるのは、新しさのもつ剝き出しの性質とその程度それ自体であるということである。ここに吹く精神の風がそれ自身を感じさせるということは確かなのだ。

　このような特別な治療効果をもつのは、新しい理論や技法の新しさだけではない。また、治療の初期段階には時に、同じ治療の後に期待できる効果よりも短期間でより大きな効果が得られることがある。初期の段階では、患者にとってはすべてが新しく、この新しさが彼の魂を少し地面からもち上げる。何ヶ月か、あるいは何年か経って、毎週水曜午後の治療が日課になった場合、治療効果を得るためには、もっとより多くの作業が行われねばならない。また、初期効果で得られた変化は長続きしないことも多い。このような場合、最初のもち上げられた状態から、すなわち、短期的に高揚した状態である上部から何ももち帰ることができずに、「魂」が再び地上に降りてきたことは明らかである。

　新しい治療理論や治療技法を開発した治療者がそれに完全に魅了され、熱狂し、占有されることはよくある。彼らはそれを完全に信じていて、あまり、あるいは全く批判的な距離をとることができない。このことが患者への強い影響の一側面でありうる。強い信念と熱意は、何かを鼓舞し、カリスマ性を帯び、その結果、魅惑的で伝染性をもつことになる。このような場合、また、このような意味で、その新しい理論は無意識をつくり出し、その新しい理論で意識を繭のように包み、新たな信者、信奉者を生み出す。実際的に、すなわち、自我の観点から見れば、このことは、患者の症状に関する限り、有益な事柄かもしれないが、心理学的に見れば、無意識や信者というステータスは言うまでもなく、全く望ましくない効果である。

　しかし、もしかしたら逆の側面もあるかもしれない。つまり、理論の新し

第6章 新しさを通した、そして動きそれ自体を通した治療的な効果

さが何かを切り開き、行き詰まっていた何かを打ち破る程度に応じて、それは、意識化という効果をもちうるということだ。この効果はおそらく、暗示的に（*ansichseiend*）しか得られないものだろうが、それにもかかわらず、意識的な気づきの純粋で明示的な（*fürsichseiend*）向上である可能性も考慮しなければならない。ここで再び、フロイトが言った「癒やしと研究の共同（*Junktim von Heilen und Forschen*）」、すなわち、癒やしの効果と研究の精神の分かちがたい一体性が何よりも思い起こされる。フロイトは、治療の成功をもたらすのは洞察（すなわち、分析家の洞察）であり、新しいことを学ばずに患者を治療することはできないし、その有益な効果を経験せずには、いかなる洞察（あるいは、教化、解明）も得ることはできないと述べた[*86]。素晴らしい言葉である。フロイトが少なくとも暗に示しているのは、効果を生み出すのは洞察の事実としての正しさではなく、一つの洞察の発現という出来事であり、それがもつ鼓舞するごとき性質であり、それが精神に翼を与えたという事実であろう。治療は、既知の理論の応用ではなく、新大陸での探検のような真の知的な冒険である。それは好奇心であり、心理学的な知識の大聖堂に新しいレンガを追加するような官僚的な試みや、ある教理への新しい貢献ではなく、プロセスとパフォーマンスとしての研究である。ここでフロイトが示した見解は、自らが分析家にもたらす素材によって、あるいは、自らが表す人間的問題の本質によって、患者は治療者にとっての個人的な関心事でなければならない、というユングの先に検討した言説と結びついている。

　新しさとは、ここでは運動と流動性の実体的な形式である。それらは、実際的な治療の要因であり、字義通りの新しさそれ自体ではない。新しい理論は、治療者がそれに鼓舞されるからこそ、患者を鼓舞することができる。ま

---

*86　以下の論文を参照のこと。Sigmund Freud, *The question of lay analysis*, translated from the German and edited by James Strachey. Garden City, New York (Anchor Books, Doubleday & Company) 1964, p.109.

た、治療者が刺激を受けることができるのは、理論が未だ生成途上にある、それゆえに動きのある状態だからである。それはまだ教理という形態に凝固していない。それは未だ流動的であり、未だ論理的否定性というステータスにあり、未だ実体化されていない。

　しかし、慣例的になることは、あらゆる新しいものの宿命である。かつてはプロセスや探求であったものが、固定された教理という形態を、さらには、イデオロギーや日常的に適用される技法という形態さえとるようになる。このように、最初に物事を開き、意識の扉を開く効果があったものが、一転して今や、意識を固定し繭のようにし、意識を無意識にするようになる。正統派的慣行（orthodoxy）の時代が到来する。かつての生きた洞察は今や、すべて完全に実体化され、その時の「一症例」にすぎないものに適用される静的な理論や技法的な手段の構成要素となる。

　ここで想起されるのは、ユング信奉者たちのある特定のユング派の概念についての議論、すなわち、ユングによれば、「多くの言葉が飛び交う（かつて飛び交っていた）」議論を聞き、それについて応えた彼の言葉である。「このような議論を聞けば、自分の死後、自分がどうなるのかがわかります。その時には、かつて火や風であったものはすべて、精神に瓶詰めされ、命なき妙薬となるのでしょう。このようにして、神々は金や大理石に、私のような普通の人間は、紙に埋葬されるのです」(*Letters 2*, p.469, to von der Heydt, 22 December 1958)。それは、火や風から紙の上の命なき言葉へという動きなのだ。

　この変化の理由[*87]は、魂の論理的生命の弁証法である。それは、脱対象化と対象化（対象剥離［*Entgegenständlichung*］と対象化［*Vergegenständlichung*］）とを往復する、具体化と論理化との、投影や行動化と内面化[*88]や統合との、（パフォーマンスと

[*87] すべての概念が生きていて、その思想の生きた全体のなかに溶け込んでいる、一つの思想の総体の創始者と、その要素を既製品として引き継ごうとするだけの弟子たちとの違いという、他の明白ではあるが外的な理由はさておき。

プロセスとしての）論理的生命と存在論化された理論との往復運動であり、錬金術的に言えば、溶解（*solutio*）と凝固（*coagulatio*）との往復運動なのである。例えば、ヘーゲルも中国の易経も知っていたように、あらゆるものはその対立物へと移動する。生きた洞察や生きた伝統はそれ自体として、その伝統が沈下してしまった不毛な形態から脱却するための改革や革命によって繰り返し繰り返し更新されない限り、硬く固体化した実体性としての自らの死へと向かってゆく。それが、年老いた王と生命の水へと至る道を守る竜というおとぎ話のモチーフである。竜は、しばしば若い命が犠牲に供されることを要求する。そして、おとぎ話の英雄は、国を竜から解放し、王位を更新しなければならない。

このような弁証法は、われわれの言語の本質に根ざしている。ウィルヘルム・フォン・フンボルトは、言語の弁証法を次のように表現した。

> 人は自分自身から言語を発するのと同じ行為によって、自分自身を言語のなかに閉じ込める。それぞれの言語は、それが属する国の周りにサークルを描く。さらに他の言語のサークルに入って初めて、このサークルからは離れることができる[*89]。

われわれの現在論じているトピックに当てはめると、新しい洞察や理論のもつ新鮮な新しさを通して世界にもたらされる行為それ自体が、意識がゆっく

第6章　新しさを通した、そして動きそれ自体を通した治療的な効果

---

*88　筆者は、ユングが使った「取り入れ（introjection）」という用語は使わない。それは、その内容が内側に「投げ込まれる」（空間的な動き）のではなく、むしろ、分解され、気化され、昇華される、すなわち、それ自身の概念へと深められるからだ。ここで忘れてはならないのは、内面化は記憶（*Erinnerung*）の訳であり、通常の言葉での別の意味は、想起すること、すなわち、回想である。

*89　"Durch denselben Act, vermöge welches der Mensch die Sprache aus sich heraus spinnt, spinnt er sich in dieselbe ein, und jede Sprache zieht um die Nation, welcher sie angehört, einen Kreis, aus dem es nur insofern hinauszugehen möglich ist, als man zugleich in den Kreis einer andren Sprache hinübertritt."

りと定着し、生命感を失い、反復されるような繭をつくり始める、ということである。これは、生命の始まりである誕生が、ゆっくりと、しかし確実に死に向かっていることと同じであるのかもしれない。

　この新しさから不毛な日常へという動きは、避けられないのかもしれないが、治療的心理学は、自分自身が何か固定されたものに凝固することを防ぐために最善を尽くさねばならない。なぜなら、適用すべき理論や技法に実体化されたなら、それは真に治療的にはなりえないからだ。心理学は、教理のステータスにある自分自身を繰り返し見出すだろうが、教理という形態であってはならない。心理学は、その知的・理論的側面に関してさえも、パフォーマンス的であり、一つの実践であり、一つの方法でなければならない。それは「火と風」でなければならないのだ。心理学の理論化は、〈現在〉に解放されなければならないし、それぞれの現在の内側で新たに獲得されることであらねばならない。ここで、先に筆者の述べた「即興」にもう一度言及したい。

　間主観性や普遍的な妥当性、非歴史的一般性は、非心理学的である。心理学は、この言葉の従来の意味での科学という形式をもちえない。ユングはフロイトを、自らの方法を理論にしたと非難したが、これはユングがフロイトに対して呈した主たる批判の一つである。言い換えれば、ユングはフロイトを、パフォーマンス的なまま、すなわち、行為の方法であるべきだったものを「存在論化」した、ヒルマンの言い方であれば、字義化したと非難したのだ。しかし、ユングは知らず知らずのうちにそれと同じようなことを、もちろん異なる点や方法において行っていたと筆者は確信している。ユングは『自伝』において、自らの生涯の作業の起源と展開を描き出す際、そのような実体化を非常にはっきりと表わすイメージを用いている。最初熱い液状のマグマに直面し、それが冷えて固まって石となり、その後はその石を自ら削ることができたと彼は語っているのだ。

　その一部はすでに別の文脈で引用したが、ユングは、フロイトの精神分析を以下のように批判した。

第6章 新しさを通した、そして動きそれ自体を通した治療的な効果

> 精神分析は明白に一つの技法である。それは一つの技法として、その背後に人間存在の姿を隠してしまい、X、Y、あるいはZ、誰がそれを実践するかにかかわりなく、いつも同じままになってしまう。結果として、精神分析家は、自己認識や自らの前提に関して批判する必要がなくなってしまう。彼らの訓練分析の目標が、自らを一人の人間ではなく、技法を正しく用いる者とすることなのは明々白々であろう（CW 10 §350 筆者改訳）。

この批判が精神分析に対して、どの程度正当に呈されているのかをここで検討する必要はない。それよりも重要なのは、ここでは精神分析に適用されてはいるが、そこに述べられている一般原理を抽出し、それをそれぞれ自分自身に、さらには自分を超えて、おそらく様々な訓練機関で今日行われているユング派分析家の訓練や、ユング派の思想を世界に普及する際の国際分析心理学会（IAAP: International Association for Analytical Psychology）の役割にも広く適用することであろう。訓練を受けている分析家の理論的前提は、どこで本当に検証されるのだろうか。そもそもどこの研究所で、訓練候補生の語られざる理論的前提が彼らの訓練分析において個人的に吟味されるような機会を得られるよう、まずもって心理学的理論についての真剣で生きた批判的考察がなされているのだろうか。固定化された教理として、理論的に中途半端で、しばしばシンクレティックに他の理論的要素と混合されたものとして教えられていないユング派の理論がどこに存在するのだろうか。

　フンボルトが指摘した弁証法は不可避であろう。では、心理学／心理療法が一つの実体、すなわち、実体化された理論とならないためにはどうすればよいのだろうか。このことを理解するためには、この弁証法が、個々の発話ではなく、言語全体にだけかかわるものであることを理解しなければならない。個々の発話は〈現在〉に属しており、それはこの〈現在〉が未来に向かって拡張する限りにおいてのみ持続する。もちろん、人為的に取り置かれない限り、石化されない限り、それは独りでに徐々に忘却の彼方へと沈んでゆく。

これは心理学にとって一つのヒントにもなるだろう。〈現在〉に留まり、実体化された理論を確立することを、実際に行っていること、すなわち、パフォーマンスであるものを存在論化することを、実際に洞察という出来事であるものを教理に変換することを拒否するのは——けれども、非理論的になることなしには、不可能なのではないだろうか*90。もちろん、〈現在〉に留まることは、この一つの現在を永遠のものにするという意味ではなく、その一つの現在を、その時を迎えた際には、過ぎ去らせ、別の現在に変わることを許すということである。だからこそ、〈現在〉に留まるということは、時間の流れの内側で、瞬間の各々性（eachness）に寄り添うことなのである。言い換えれば、一時しのぎで自らの心理学的な理論化を尊重して生きることなど不可能ではないだろうか。

　ユングのイメージは、熱い液状のマグマだった。マグマはゆっくりと冷えて、硬い岩になるのがその本性である。しかし、われわれは、彼が抱いていたもう一つの火のイメージ、すなわち、炎について考えてみることもできるだろう。その自然な帰結は、実体的な結果ではなく、その実体性における可燃物が完全に燃え尽きる時に、まさに炎が消えるということである。炎は、実体的なものを焼き尽くし、それを燃料とする。それは、実体性から論理的否定性へという動きのイメージである。そして炎は、自分自身の存在を維持するために、実体的なものとなるという代償を払うよりも、むしろ死ぬこと

---

*90 「パラケルススは……『理論化すること』のアート [*die Kunst des 'Theoricierens'*] を理解していない者は医者になれないと強調した」（CW 16 § 218）が、他方でユングが強調し、その数行後に述べたのは、*Heilkraft der Auffassung*、すなわち、理論的概念化の治癒力、あるいは、彼が他所で述べたように、（われわれが言うところの近代的な意味での理論と混同すべきではない）学理（*theoria*）の治癒力であった（全集では、*Heilkraft der Auffassung* が、曖昧で平凡な形で「人間の心構えの治癒力」と訳されているが、英語版全集によくあることだが、これでは、ユングが実際に何を言わんとしていたかを理解できない。あたかも「人間の心構え」に特別なアートが必要であるかのようだが、心構えは誰もがもっているだろう）。

によって否定性に献身する。

　あるいは、火や炎の代わりに、水を考えることもできるだろう。錬金術の格言には、すべてが水、つまり、流体になるまで、流動性という論理的なステータスに到達するまで、いかなる作業も始めてはならない、というものがある。

　個性化の過程に関するわれわれの考えは、基本的に二つのイメージや概念に基づいている。一つは神話に由来するものであり、もう一つは錬金術に由来するものである。すなわち、一方には、ディオニュソス的な解体、他方には、発酵腐敗、溶解、昇華、蒸留、気化というプロセスがある。どちらも、石からマグマへ、実体性から論理的否定性へ、凝固から流動性、あるいはプネウマ、精神へという動きを描いている。このようなプロセスは、その個人にとって、実体や基質としての、すなわち、存在論的な実在、実体性としての自らの人格概念が溶解する体験を意味する。ところで、もし治療が、治療を受けようとする人にこの動きを経験させたいのであれば、まずもって治療それ自体の論理や概念が、この動きを体験していなければならないのではないだろうか。そして、治療はこの動きのなかで、自分自身を〈作業〉全体の地平、燃えるような精神、そして論理として保持しなければならないのではないだろうか。

　このことは、われわれの理論化が（決して消滅してしまったわけではなく）〈現在〉へと引き渡され、そのようにして「魂」の論理的生命の否定性へと引き渡されたということ以外の何を意味するのだろうか。

　生命の泉やそれと類似した象徴は、一つの偉大なる神秘、壮大なる探求の到達困難な目標であるというよりは、まさにここにあるものなのだろう。そして、この泉から水を飲むことは、われわれの存在と理論化の論理を〈現在〉へとただ単に継続的に解放すること（*Einkehr*）に他ならない。理論化することは、存在論的なものではなく、パフォーマンス的なものである。理論的な概念は、達成すべき目標として遠くや未来に投影されるのではなく、進行中の現在のリアリティーとして、われわれ自身の思考に情報を与えるものであ

第**6**章　新しさを通した、そして動きそれ自体を通した治療的な効果

る。そして、元型の異界的な領域に属するものとして神秘化されるのではなく、各々の瞬間の内的な真理として、瞬間の神々（*Augenblicks "götter"*）[*91]、満たされた瞬間に他ならない。

[*91] この用語は、ヘルマン・ウーゼナー（Hermann Usener）の著作『神々の名』（1896年）から引かれた。

第7章
限界

　治療を通して、理論的には、原理的には、すべての心的な問題を解決することができるはずであり、心理療法と十分な治療的な努力を通して、すべての人を心理学的な症状や障害から解放することができるはずだという、深く根づいた、暗示的な、あるいは明示的でさえある信念によって、心理療法家は浮き立っているように見えることがしばしばある。神経症を長く注意深く分析するだけで、神経症は除去される[*92]。神経症のメカニズムを理解するだけで十分だ。人と人との間の、特に恋人やパートナーとの間の困難や葛藤にはただ単に、その人たちが自分たちの問題について互いに適切に話し合う術を学ぶことだけが必要だ。そうすれば、二人の関係はうまくゆく。すべての心的な問題は、「トラウマ的」な体験についての誤解や、誤った反応、誤った処理の結果にすぎない。ある患者の発達において人生最初の数年間にうまくいっていなかったことが、適切な心理療法的な処置によって癒やされる。

[*92] このような心理療法家の信念は時折、さらに進んで、全人口の大部分が治療を受ければ、世界はより良い世界になるという考えに至ることさえある。政治家が分析され、心理学が政治に適用されるべきだというわけだ。これは狂気じみた幻想である。（マイケル・ベンチュラとの共著で、サンフランシスコにあるHarper San Francisco社から1992年に刊行された）ジェイムズ・ヒルマンの著書のタイトルには、その反対のことが真実であるという認識、すなわち、「心理療法を100年続け、世界は悪くなった（We've had a hundred years of psychotherapy and the world's getting worse）」とすでに表明されていた。

心理療法家がこのような考えを抱くことは、「心理療法」という制度それ自体の論理に内在するのかもしれない。しかし、訓練機関の分析家や教師は、当然のことながら、何年も分析を受けており、時にはユングの言う「個性化の過程」を経験している、自らの訓練機関での分析家や教師との体験は、分析や心理療法の力に対する楽観的な考えをすでに矯正している可能性もある。なぜなら、アドルフ・グッゲンビュール-クレイグがすでに引用した「心理療において何が効くのか？」[*93]という論文で正しく指摘しているように、

　　多くの素晴らしい治療者は自身、深刻に神経症的である。たいていの治療者は社会的なかかわり等に大きな問題を抱えている。こういった具合なので、彼、あるいは彼女のパーソナリティに布置されたヒーラー（元型）の跡を見出すのは難しい。心理療法家の個性化についても同じことが言える。彼らはしばしば、彼らの被分析者よりも個性化していない（前掲書34頁、筆者訳）。

そしてもちろん、意識的には治療者は、自分の仕事の成功が限られたものであることや、多くの場合、予後が不確かであることを十分に認識しており、過度な期待はしない。しかし、このような実用的なリアリズムの下には、ここに描かれたような楽観的な幻想が、経験によって邪魔されないまま生きていて、最終的には治療的な衝動を維持し動かしているように思える。
　けれども、おそらくはそれは逆なのだろう。そのような信念や希望を抱くよう支持者を誘惑するのは、心理療法という制度やその論理ではなく、むしろ、例えば、ユング派心理療法を将来の職業として選択する人たちが最初から、治したい、助けたいという深く根差した願望によって動機づけられ、人としてそのような願望や希望的観測を客観的な職業にもち込んでいるからで

───
＊93　本書脚注4を参照のこと。

ある。この場合、魅惑的であるのは、その人自身の欲望だろう。それは、すべてがうまくいくと信じたいという彼らの内なる欲求である。すなわち、問題について十分に時間をかけて語り（「お話療法」としての心理療法！）、夢を正しく理解しようとすれば（あたかも銀の皿のように治癒の衝動が意識に対して提示されるとイメージする）、治癒が起こると信じたいということだ。

　心理療法がそのような深い個人的願望や心的欲求に触発され、あるいは駆り立てられてさえいる場合、そこで言及される空想や希望は、これらの欲求が凝縮され客体化された形態にすぎないと理解されるべきだろう。そんな時、心理療法は自我の支配下にある。ここで、以下のような、フロイトの個人的告白を思い起こすことは、健全な気休めになるかもしれない。

> 41年間に及ぶ医療活動の後、私は一度も本来の意味での医師ではなかったと自己認識しています。自らの元々の目標から外れることを余儀なくされ、私は医者になりました。そして、私の人生の勝利は、長い遠回りの旅の後、自分の最初の道に戻る道を見つけたことにあります。苦しんでいる人たちを助けたいという願望を幼少期にもっていた覚えはないのです[*94]。

ユングも同様に、自分自身のなかで支配的な力は「創造性のダイモーン」であることを認めており (MDR p.358)、「生きた人間性という感覚が自分のなかで多く喚起されたが、それは心理学という魔法陣の内側にそれらが現れた時だけだった。次の瞬間、スポットライトが別の場所を照らすと、何も見えなくなっていた」(p.357) と述べている。

　先に説明したような状況で、心理療法は自我に支配されていると述べた時

[*94] Sigmund Freud, *The question of lay analysis*, translated from the German and edited by James Strachey. Garden City, New York (Anchor Books, Doubleday & Company) 1964, pp.104f.

も、フロイトやユングに言及した時も、筆者の議論は人々の心理という個人のレベルに留まっていた。しかし、心理療法は客観的な意味で、つまり、それ自身の論理的な形式においても、自我の支配下にありうる。それは、心理療法が癒やしと援助の専門職として考えられている場合である。経験的、実践的な意味で、心理療法の外的な目的は、患者を助け、場合によっては治療することであることは間違いない。しかし、外的な目的の下に包摂され、それ自体として癒やしの職業であると定義されることは十分にありうることに疑いはないが、自分自身の内側で、すなわち、自分自身の論理的な構成のなかで、心理療法は外的な目的をもつ必要は全くない。その第二の可能性が意味するのは、心理療法は客観的に、構造的に、自我の支配下にあるということである。そうだとすれば、次のような標語が掲げられるだろう。「心理学の代わりに、心理学的な手段を用いて……」(Letters 1, p.535, to Thompson, 23 September 1949)。ここで再び強調しなければならないポイントは、「まえがき」や第2章、第3章ですでに説明したように、癒やしをもたらすのは治療者ではなく、あくまでも魂である、ということである。心理療法についての自我の誤解が孕む心理学的な錯誤は、心理療法の論理それ自体に自我の欲望や意図が密かにもち込まれることである。そこでは、心理療法は科学技術となる。心理療法は、われわれ人間の願望から解放されず、自分自身へと解放されず、自分自身の論理へと解放されず、心理学や心理学づくりへと解放されない。

　これまで筆者は、心理療法の治癒力への信仰について、自我の願望から説明してきた。それは、人々を治して苦しみを除去したいという個々の治療者が抱く個人的で心的な欲求であったり、そのような心理療法の論理的構造へ植えつけられ、膨らまされた治癒に関する客観的な自我の関心であったりもする。しかし、われわれは、何がこの信仰と希望を駆り立てるのかだけでなく、それ自体が何を意味するのかも理解する必要がある。

　そのようなものとしての癒やしに関するファンタジーは、他者の現実性と他者の他者性を無視し、軽視していることを表している。それは、治療的な自我の領域は、当然のことながら、患者の病や患者自身にまで及ぶという暗

黙の概念から生み出される。「他者」はポケットに入れられ、先験的に前提とされている。論理的に（むろん、経験的にではないが）、癒やしに関するファンタジーは、障害を自らの影響の及ぶ範囲内にあり、原則的には管理可能であると常に解釈してきた。このことこそが、この種の治療を本質的に科学技術的なものにする。それは、自然に関する科学のファンタジーの一部である。科学的な意識は原則として、創造神のもつ論理的ポジションをとり、その支配下に自然や経験的なものはすべて存在するとしてきた。明示的には、自然はもちろん、まだほとんど知られておらず、科学的な精神にとっても、多くの点でまだ予測不能である。しかし、論理的・暗示的には、それはすでに完全に知られている。つまり、このことが、その論理によれば、常にすでに存在する世界に関する完全な知識に、経験的・実践的に一歩一歩追いつこうとする人間である科学者たちの試みにとっての先験的な可能性の条件である。自然という本はすでに書かれていて完結している。しかし、人間である読者は、まだ本の中ほどにいて、終わりにまで到達していない。同じように、心理療法は、癒やしの専門職と見なされるが、たとえ実際的には、事実としての治癒をもたらす必要がまだあるとしても、論理的には、あらゆる癒やされるべきものを通り越してしまっている。

　意識の誤った態度、コンプレックス、神経症的な構造、そして患者のまさに本質は、岩のような、強固な事実、本物のリアリティー、とても変わりそうにないものとは見なされない。暗示的には、それらは、あたかも自由に漂う空想、イメージ、概念、意見であり、分析、見通すこと、あるいは論証や見直し、さらには共感を通じて、より良いものに修正されたり置き換えられたりすることができるかのように、「理想的」に捉えられる。また、他者の魂は、原理的には（経験的にだけでなく）手の届かないものとは見なされない。

　その他者性のなかの他者とは、それ自体へと解放される必要がある。それはそれ自身の触れられない尊厳において自由にされる必要があり、尊重される必要がある[*95]。第4章の4で、自分が本当にそうであるように自分自身があるのを許すことによる癒やしや、その個人の真の本性の「完了時制」につ

いて論じたことが、必要な変更を加えた上でここでのテーマにも当てはまる。まず、心理学的に治癒することの、すなわち、人が変わることの起こりにくさについて理解する必要があるだろう。われわれは、主役抜きに考えてはならない。人々と彼らの態度、あるいはコンプレックスは、ほとんどの場合、治療者にも患者自身にさえも、これから練るように準備された生地ではない。患者は、彼らのもつ本性や歴史によって、すでに焼かれ、仕上げられ、形作られ、その形に整えられている。

　患者の神経症は徹底的に分析され、その構造やその神経症のまさに神経症性や破壊性ははっきりと露わになり、患者によって彼の意識のなかではこれらすべてがはっきりと理解されたのかもしれないが、にもかかわらず、すべてが無駄になることがあまりにも多い。そのような理解は、上層部、つまり、自我意識のレベルにおいて、純粋に知的なものに留まるが、患者のなかの他者に響くことはないし、それに取って代わられることもない。神経症のリアリティーが碇を下ろしている場所から広がることはないのである。自我人格としての患者は、自らの神経症の構造とその根底にある神経症的な忌々しい主張を徹底的に見通し、理解し、それとは真の意味で距離を置くことができるようになったのかもしれない。しかし、このような理解に達したのが「全

---

*95　ハインリッヒ・フィールツとアドルフ・グッゲンビュール-クレイグは、治療はせいぜい癒やしを「布置する」にすぎないという考えを示したが、これがそのことの利点である。布置されると言われているものとして、「ヒーラー元型」を神秘的に、そして実体的に導入する代わりに、この見方においては、他者のもつ触れることのできない尊厳が保たれている。「ヒーラー元型」を捨てて、「布置する」という単純な概念それ自体にスティックすると、心理療法にできることのすべてがよくわかる。神の意志（*deo concedente*）である。ユングは以下のように述べた。「私は何もしない。私にできることは、神を確かに信じて、忍耐と不屈の精神をもって葛藤を乗り越えた先に、私には予測できない、その特定の人のために運命づけられた解決策が現れるのを待つことだけである」（*CW* 12 § 37 筆者改訳）。とはいうものの、彼が言うように、彼は「受け身になったり、怠惰でいたりする」のではなく、「葛藤の最中で無意識が生み出すあらゆることを患者が理解するのを助けるのだ」。

人(*homo totus*)」としての患者でなければ、神経症は消滅しないだろう。

　心理療法家は、患者がそのような知的な理解を達成できるよう援助できるのかもしれない。しかし、実際に違いをもたらす真の理解については、治療者は（患者と同様に）無力である。それをもたらし、合点がゆくものとするのは、治療者の力ではない。それは、客観的な魂だけができることである。それが起こるか起こらないかは、運命の問題であり、治療の問題ではない。

　だからこそ、われわれは心理学者として大いなる慎みと謙虚さが必要なのである。論理的には、心理療法は、無力な職業と最終的には理解されるべきだが、このことが意味するのは、心理療法が役立たずであって、治癒へと到達することができない、ということではない。筆者が言いたいのは、癒やすとか助けるという考えは、その自己定義から叩き落とされるべきだということである。なぜなら、治療者としてわれわれは、ある種の職人芸[*96]としての仕事をするだけで、癒やすことは、われわれの仕事ではないからだ。倫理的には、われわれは、すべての患者が「絶望的なケース」である可能性があることを認めるところから始めねばならない。そうして初めて、われわれは患者を一つのリアリティーとして尊重し、われわれ自身がヒーラーであるという主張を完全に放棄したことになる。このような基盤があって初めて、癒やしが起こるかどうかを魂に委ねる職業的な治療を始めることができる。非直接性である。癒やしの神秘は、手つかずのままにしておかなければならない。

　先にヘーゲルの言葉[*97]を引用して述べたように、とりわけ、患者がすでに「焼き上がった」状態であり、彼らの障害が「強固な事実」であるという体験を考慮すれば、患者にもたらされる必要があるものは、心理療法自身の態度

＊96　意識に比較的近いところにあるこころの問題の多くは、意識的に解決することができる。ここでは、治療者は職人として必要とされるだけで、そもそもの「癒やし」という問題は生じない。ユングがすでに述べたように、一片の常識を必要とするだけの患者もいるが、これらは魂とのかかわりはない。

＊97　脚注83を参照のこと。

にもなる必要がある。心理療法は、窮境のただ中で行われる必要があり、以下のように、自分自身に言い聞かせる必要がある。そうなんだよ、どうしようもないんだよ、耐えるしかないんだよ、と。このような立場に依拠し、「そういうものだ」と言うことで、心理療法は、あらゆる特殊性を脇に置き、あらゆる特別な目的や利益を放棄し、そこから切り離されねばならなかったはずである。人間（治療者と患者）のために用意された慰めはないし、それは必要でもない。慰めは、体験された喪失*98や自分が背負わねばならないものへの補填をわれわれが求める限りにおいてのみ必要とされる。われわれ心理学者は、失われたものの内的な根源を放棄せねばならなかったはずであり、自分が諦めたものを完全に諦めねばならなかったはずなのである。

　このような姿勢が、癒やしが自然に起こり、魂が主導権を握るための望ましい前提条件なのかもしれない。

＊98　期待や希望的観測がわれわれに約束したものを失うこと。

人名索引

あ行
アドラー（Adler, A.）　16, 121
ウーゼナー（Usener, H.）　170（*91）

か行
カフカ（Kafka, F.）　16, 110
グッゲンビュール-クレイグ（Guggenbühl-Craig, A.）　10, 11, 11（*4）, 62（*35）, 172, 176（*95）
ゲールツ（Gehrts, H.）　16
ゲオルゲ（George, S.）　113
コルバン（Corbin, H.）　69（*38）

さ行
シャムダサーニ（Shamdasani, S.）　94, 95（*49）
ジラール（Girard, R.）　21, 21（*8）, 22

た行
ダンテ（Dante）　145, 145（*79）
テルトリアヌス（Tertullian）　90（*48）
トマセロ（Tomasello, M.）　24, 24（*10）, 31（*17）

な行
ニーチェ（Nietzsche, F.）　108, 108（*56）

は行
ハイデガー（Heidegger, M.）　107（*54）
パラケルスス（Paracelsus）　8, 168（*90）

ビオン（Bion, W.）　76（*42）, 146（*81）
ヒルマン（Hillman, J.）　17, 19, 69, 115, 141, 166, 171（*92）
フィールツ（Fierz, H.）　10, 11, 13, 27, 176（*95）
ブーダー（Buder, H.）　160
ブーバー（Buber, M.）　56
プラトン（Plato）　74, 136（*70）
フリーデリッチ（Friderici, A.）　25, 25（*11）
ブルケルト（Burkert, W.）　21, 21（*7）, 22
フロイト（Freud, S.）　16, 18, 48, 58, 62（*36）, 79, 80, 81, 88, 92, 95, 97, 121, 141, 163, 163（*86）, 166, 173（*94）, 174
フンボルト（Humboldt, W.）　165, 167
ヘーゲル（Hegel, G.）　39（*20）, 55, 149, 150（*83）, 165, 177
ヘルダーリン（Hölderlin, F.）　55, 56, 56（*33）
ベンチュラ（Ventura, M.）　171（*92）

ま行
マイヤー（Meier, C.）　115
ミラー（Miller, D.）　39（*20）, 133（*69）
モゲンソン（Mogenson, G.）　39（*20）, 132（*68）

や行
ヨハネ（John）　90（*48）

ら行
レッシング（Lessing, G.）　112（*57）, 146（*81）
レヴィナス（Lévinas, E.）　56
ローゼンツヴァイク（Rosenzweig, F.）　56

事項索引

あ行

アスクレピオス　12
新しさ　19, 161, 162, 163, 165, 166
アニマ　69, 84, 85, 89, 92, 141
アニムス　69, 84, 85, 89, 92, 141
アレゴリー　85
医学　21, 26, 27（*13）, 62, 72, 73, 74（*41）, 107, 144（*76）
〈一〉　55, 59, 110
意味論　19, 23, 82, 83
動き　32, 65, 68, 76, 131, 157, 158, 161, 164, 166, 168, 169
　空間的な――　165（*88）
　再帰的な――　40
　それ自体の――　158
　内的な――　59
　否定的な――　39
　論理的な――　141
各々性（eachness）　30, 74, 75, 77, 106, 111, 168

か行

概念なるもの　116
回避（性）　7, 10, 13, 71, 74, 80, 81, 110
カイロン　12
影　92, 108, 108（*55）, 155（*85）, 156
間主観性　56, 86, 166
鑑別診断　126
義務論（deontology）　104
逆転移　136

客観性　100, 114, 116
境界例　70
近代的意識　87, 92
啓蒙　138, 139, 141
結合　76, 85, 86
結合の神秘　30
元型　10, 11, 12, 13, 16, 28, 61, 62, 86, 87, 92, 94, 97, 98, 99, 100, 130, 141, 142, 155, 170, 172, 176
〈現在〉　29, 74, 75, 76, 77, 78, 100, 161, 166, 167, 168, 169
現在性（nowness）　106
個性化　20, 95, 133, 169, 172
コミット　7, 33

さ行

自意的（tautegorical）　23
自己（Self）　16, 51, 92, 123, 124（*64）
自己愛　58, 110
自己意識　55, 56, 57, 59, 105
自己運動　51, 67, 75, 77, 84, 90, 91
自己解放　97, 116, 133
自己関係　9, 57, 58, 60, 103, 111, 126, 135
自己実現　23, 94, 118
自己制御　13, 16, 28, 44, 60, 61, 70, 126
自己治癒　13
自己定義　106, 125, 132, 177
自己展開　23, 39（*20）
自己認識　167, 173
自己背信（self-betrayal）　108
自己封入　59
自己矛盾　39（*20）, 85, 119
シシュポス　60

シャーマニズム　17, 96
シャーマン　89, 90, 96
人格障害　143（*75）
心的な紛い物（psycho-kitsch）　98
心理学づくり（psychology-making）　133, 174
心理学的差異　55, 63, 64（*36）, 80, 82, 83, 84, 85, 88, 91, 92
世界‐内‐存在　61
セッティング　18, 56, 66, 67, 79, 80, 81, 82, 83, 88
前後倒置（hysteron-proteron）　103
千夜一夜物語　159
即興　45, 70, 74, 166
その都度性（Jeweiligkeit）　75, 77, 106
存在以前（pre-existence）　74
存在論（ontology）　104

た行

代理人（vicarius）　45, 66, 109, 139
　魂の――（vicarius animae）　45, 67, 139
〈他者〉　107
ダナオス王　60
魂づくり（soul-making）　17, 20, 69, 133, 138, 141
直接性　40, 41, 135
治療者の人格　19, 35, 36, 40, 67
出会い（Auseinandersetzung）　38, 39（*20）, 40, 44, 48
抵抗　16, 78（*44）, 136, 137, 143
適応　78, 121, 122, 123, 124（*64）, 125, 126, 127, 131, 150
手放すこと　18, 78, 91, 135, 142, 151
転移　16, 58, 61, 63, 79, 80, 81, 82, 83, 84, 85, 86, 92, 96
同語反復的（tautological）　23, 28
統語論　19, 51, 61, 63, 82, 83, 95
共に生きる（mitleben）　125, 126

な行

〈二〉　55, 57, 59, 110
〈二者択一〉　65
ヌミノース　12, 53（*30）, 130, 142

は行

ハーメルンの笛吹き　99
ハインツェルメンヒェン（「ケルンの小人」）　9
箱庭（療法）　18, 63, 64（*36）, 75, 89, 91
非直接性（的）　9, 10, 12, 13, 32, 35, 37, 40, 41, 135, 177
否定性　13, 31, 35, 56, 57, 58, 81, 84, 87, 88, 97, 131, 132, 133, 164, 168, 169
秘密を共有する人（Mitwisser）　53, 54, 66
病理　16, 32, 51, 119, 125, 126, 127, 131, 132, 133
ファンタジー　30, 69, 69（*38）, 77, 80, 81, 83, 84, 174, 175
布置　10, 11, 13, 44, 44（*24）, 48, 61, 62（*35）, 82, 92, 172, 176（*95）
不眠症　43
プロメテウス（Prometheus）　60
弁証法　38, 39（*20）, 40, 75, 81, 82, 105, 164, 165, 167
ポジション　51, 61, 62, 64, 66, 67, 68, 175

ま行

マンダラ　17, 94, 97, 100
ムネモシュネ(*Mnemosyne*)　76
メタファー　7, 12, 42(＊22)
メルクリウス　36, 86, 87, 97, 130, 133

や行

委ねる　51, 54, 75, 76, 78, 79, 94, 109, 112, 177

ら行

リアルな現前　47, 63
ルンペンシュティルツヒェン(「がたがたの竹馬こぞう」)　159

レスモシュネ(*Lesmosyne*)　76
錬金術　57, 58, 68, 69(＊38), 71, 86, 97, 105, 130, 133, 139, 144(＊76), 146, 169
論理的基部構造　61, 62, 66
論理的生命　84, 87, 164, 165, 169

わ行

〈私〉　89, 93, 115, 132
〈私たちである私〉　55, 56
〈私である私たち〉　55, 56
〈私／非－私〉　56
〈我／汝〉　56

訳者あとがき

　本書は、Wolfgang Giegerich の著書、*What Are the Factors That Heal?* の全訳である。
　巻末の著者略歴にもある通り、ヴォルフガング・ギーゲリッヒは、ドイツのベルリンに住むユング派分析家で、日本ではすでに、「ギーゲリッヒ論集」2冊（『魂の歴史性』『神話と意識』、いずれも日本評論社刊）、『ギーゲリッヒ夢セミナー』『魂の論理的生命――心理学の厳密な概念に向けて』『仏教的心理学と西洋的心理学――心理学の自己明確化に向けて』『ユングの神経症概念』（いずれも創元社刊）、そして『夢と共に作業する――ユングの夢解釈の実際』（日本評論社刊）が公刊されている。
　『魂の論理的生命』の「訳者あとがき」でも触れた通り、ギーゲリッヒは理論家としてよく知られているが、実践家としての力も卓抜しており、それは、彼が実際の事例にコメントする時の徹底した心理学的態度や優れた臨床的感覚にもよく示されている。このような彼の実践家としての力は、上記の通り、日本では一書として公刊もされている「夢セミナー」に参加したことのある者であれば誰しもが認めるところではあったが、他方で、彼の「論文や著書のなかで……心理療法の実践が中心的なトピックになることは一度もなかった」（本書7頁）。
　本書は、そのような「これまでには別れを告げ、はっきりと心理療法の実践に向き合おうと思う」（同8頁）という言葉通り、ギーゲリッヒが初めて、心理療法における「癒やし」を主題とし、「魂の生命という領域における『癒やし』が実際には何を意味するのか、すなわち、内側から見られた時、それら治癒の要因において何が癒やしの効果をもつのか、それらの要因はいかにして、そしてなぜ癒やしの効果をもたらすのか」（同上）について論じたもので

ある。

　このように、本書は、彼の著作群において"新奇性"をもつものであるが、それに留まらず、以下に挙げる三点において、心理療法の本質それ自体を見事に描き出しているという意味で、比類なく優れた著作である。

　最初に取り上げたいのは、心理療法という営みにおける「非直接性」の大切さに焦点を当てたことである。今日的な潮流のなかで中心的な位置を占める認知行動療法が「症状」や「問題」と呼ばれるものに直接的にアプローチし、それを除去・解決しようとするのとは対照的に（このような傾向は、認知行動療法に限ったことではなく、今日のユング派のなかにも見られる）、ギーゲリッヒの考える「心理療法」において、治療者は、患者が苦悩する症状に対してその解消を目指して直接焦点を当てるべきでも、自らの対人援助願望に直接導かれるべきでもなく、「癒やしのプロセスは、それ自体の仕組みに委ねられねばならない」（本書32頁）という。そのような直接的な「技術的スタンス」と訣別することによって、すなわち、「患者が主観的に焦点を当てているもの」から離れ、それとは直接関係のないものや、患者の主観には不適当と感じられるものに注意を向けることで初めて、それまでには思ってもいなかったような「問題」の姿が立ち現れ、客観的な魂の関心に触れる機会が与えられる。われわれが、心理療法において夢、箱庭、描画等のイメージ表現に注目するのはこのためである。つまり、「自我の論理」に安住するのではなく、ユングの書簡から言葉が引かれているように、「自我なしで生きる」「無意識のうちに生きる」、すなわち、「生きる」を「治療において患者と向き合う」に置き換え、「自我なしで治療において患者と向き合う」「無意識のうちに治療において患者と向き合う」（本書41頁）というのが、非直接的な「魂の作業」としての「心理療法」の基本的態度なのである。

　次に挙げられるのは、①「自身を解放すること」による癒やし（第4章）、②「意識への働きかけ」による癒やし（第5章）、③「新しさ」による癒やし（第6章）という「三つの根本的に異なる癒やしの様相とそれに対応する治療状況」（本書18頁）を区別した上で、心理療法における「癒やしの要因」を包括的、かつ

心理学的に論じたことである。

　なかでも最も紙幅（概ね半分）を割いて論じられているのが、「自身を解放すること」による癒やしである。このことは、西欧近代に生まれた心理療法がその主たる対象としたのが「神経症」であることを考えれば、よく理解できる。本書では、「魔法陣」「原生林」「砂漠」「雲の上の国」等のメタファーで、神経症によるその私的な世界への個人の囲い込みが巧みに表現されている。このような神経症的「自己封入」によって、出口のない悪循環に陥っている状況において、「治療者は、患者の『魂』が係留することができ、停泊できる、魂のレベルでのリアルな外在する参照点として仕える」のだという（本書60頁）。しかし、ここでの治療者は、具体的な個人ではなく、「治療という統語論における治療者という抽象的で形式的なポジションや場所以上の何ものでもない」（本書61頁）。これが「論理的ポジション」としての治療者である。

　「自我の論理」に留まり続けたいわれわれは、治療における自らの介入や解釈が癒やしをもたらすと考え（直接性）、それらについてあれこれと考えたがる。しかし、治療者が治療という統語論における「論理的ポジション」にすぎないならば、解釈も含めて治療者が治療においてどのような介入をするかはあまり重要ではなく、むしろ、患者が治療という「儀式」のなかに入り、そのような「論理的ポジション」を占める治療者に対して自らを開く（解放する）という「単純な事実」こそが、重要だということになる。先にも触れたように、本書で論じられる心理療法は、非直接的な「魂の作業」なのである。

　この第4章には、今述べた「治療者という他者に自身を委ねることとして自身を解放すること」だけでなく、「魂の自己運動に自身を解放すること」「自らの病を自らの主観性から客観的な〈普遍〉へと解放すること」「自分自身へと、すなわち、自分自身の存在や本性へと自身を解放すること」、そして最後に「自分自身を自らの病理へと解放し、自分自身の概念を概念へと解放すること」が論じられるが、いずれにおいても、概して言えば、「自身を解放すること」は、受動的に手放すことを意味している。しかし、それに対して、第5章で論じられる「意識への働きかけ」が意味するのは、能動的に

向き合うことである。彼自身述べるように、この「意識への働きかけ」の特徴は明確な直接性であるが、それでもその直接性は、「癒やし」へと直接向けられた意志や意図のようなものではなく、あくまでも「具体的な個人の心的現象、症状、神経症的な反応、今日の気分や感情、患者の望み、恐れ、幻想、空想や夢のイメージなどへの直接のアプローチである」（本書135頁）という。本書の別の箇所では「各々性（eachness）」という言葉で説明されていた態度であり、ここでも「非直接的な」態度は維持されている。

　筆者が先に「包括的」と形容した理由は、単に「幅広い」というだけでなく、本書において展開される論は、このように一見すると対立する方向性を孕みながらも、心理療法における「癒やし」にとって本質的なものは変わらず維持している点にある。このことは、先に紹介した「三つの根本的に異なる癒やしの様相とそれに対応する治療状況」の区別を超えて、心理療法に通底する不変の「癒やしの要因」として挙げられている「治療者の人格」（第3章）についても言える。

　ユングは、本書でも引かれているように、「彼（医師、心理療法家）がどのような種類の技法を用いるかは、ほとんど重要ではない。違いを生み出すのは、『技法』ではなく、まずもってその方法を用いる人だからだ」（CW 10 § 337）と述べ、ある錬金術のテキストから「技は全人を必要とする（*Ars requirit totum hominem*）」（CW 16 § 198）という言葉を引用し、心理療法における治癒の要因は、そのような理論や技法ではなく、「医師の人格」（*ibid.*）であることを強調した。ギーゲリッヒは、「技法は常に魂なき仕組みである」（CW 10 § 357）という彼の言葉にも言及し、「ユングはむしろ、心理療法家が自らの人格として名乗り出ることを求めている。それは、彼が自身の正体を現すことである。そこには、患者と分析家二人の人格の間の直接の『裸での』出会いがある」（本書39頁）と述べた。ギーゲリッヒはこれより前の部分で、「人格」の非直接性と神秘性について主張しているが、このように「矛盾しているように見えるものは、弁証法（厳密に現代的な意味での「弁証法」）として理解されなければならない」（本書40頁）という。その意味では、筆者が先に「包括的」と形容した在り方は、

「弁証法」として理解される必要がある。

　そこで求められているのは、「人格」を意識の対象や内容に変えることではなく、意識的な行為としてではなく、ある種の精神レベルの低下としての一つの退行である。「それは、再帰的な動きであり、自我の統制を放棄し、自分自身の未知で接近不能な心理学的な深みを表面に浮上させることである」(同上)。このように、「人格は意識化されない。……人格は、人間の言動に間接的にしか現れない」ので、「二人の人格の間の直接の『裸での』出会い」が真に意味するところは、そのような「二つの非直接性の直接性」(本書41頁)なのだ。

　言うまでもなく、先に筆者が取り上げた、第4章の1で展開される"治療の統語論における治療者の「論理的ポジション」"についての議論における「治療者」と、第3章において「治療者の人格」について論じられる際の「治療者」とは、全く異なる性質をもっている。つまり、後者は、前者において意味論的に重視されていた「治療者という特定の個人が、より深い魂の感受性をもち、心理学的な現象を真に心理学的に（客観的で文化的な魂という地平の内側で）見るかどうかということにはかかわりがない」(本書67頁)。そのような「特定の個人」と「論理的ポジション」、それら双方が〈治療者〉なのである。

　三つ目に取り上げたいのは、ギーゲリッヒが第4章の5で紹介する「鑑別診断」(本書126頁)である。心理療法の実践について初めて論じた著作という意味では、これに触れておくことは重要であろう。彼が考える「鑑別診断」は、心理療法を求めて来談する人という意味での「症例」に対するものではなく、各々の、そしてあらゆる「病理現象」に向けられたものである。先にも述べたように、心理療法が「二人の人格の間の直接の『裸での』出会い」であり、「二つの非直接性の直接性」である以上、患者は「一つの症例」(本書72頁)などではありえない。鑑別すべきは、以下のような病理現象である。

(a) 神経症的な諸特徴、あるいは、一つの完成された神経症
(b) 魂の生命から切り離された意識という観点から理解すべき症状

（c）原因をもつ障害

　第4章の5において、ギーゲリッヒは、ユングの神経症理論では、二つの異なる現象に対して「神経症」という同じ言葉が用いられていることを指摘し、それが自らの「神経症」と呼ぶものとは異なることを明らかにする。さらに、ユングの「神経症のなかに隠されたものは現実には、未だ発達していない人格の欠片であり、魂の貴重な欠片である」という言説から導き出される、「神経症的」ではないが、「神経症」と呼ばれている「病理現象」を、「自分自身の一形態と完全に同一化し、それゆえ、あまりに硬直化し固まり皮殻で覆われてしまった自我人格がもつ諸条件の下での魂それ自体の無邪気で、自律的で、驚くほど活発な自己顕示」（本書119頁）として抽出し、「自分自身を示す魂の欠片は、その個人の人格の分裂した（抑圧された）部分であったり、これまでその個人の人格とは決して結びついたことがなかったため、初めて顕現する全く新しい部分であったりする」（本書119-120頁）と描写した。これが上記の「鑑別診断」のうちの「（b）魂の生命から切り離された意識という観点から理解すべき症状」に当たるものであり、この節の紙幅の多くはそれについての論述に割かれている。
　（a）と（b）の違いについて、彼は以下のように端的に説明する。

　　神経症は、神経症的解離が自己関係としての、そして自己制御システムとしての魂の根本的で徹底的な分裂を意味するという事実によって特徴づけられる。それに対して、その病理が、排除された魂が共に生きること（mitleben）を欲して執拗に起こしている攪乱の表現であるような心理学的障害もあって、それはまさに十全な魂の自己制御の働きのゆえに生じる（本書126頁）。

　加えて、「（c）原因をもつ障害」は、文字通り、「幼児期に限ったことではないが、個人の生育歴における好ましくない条件や体験から因果的に引き起

こされるもの」(同上)である。このような「心理学的障害」とは言えない「心的障害」、さらには「心身症」や「発達障害」を抱える患者に向き合う機会も多い今日、これら三つの区別を改めて認識することは、心理療法の実践において極めて重要であろう。もちろん、彼自身述べているように、われわれは「これら三つのあらゆる組み合わせは、同時的にせよ、異なる時期に表面化するにせよ、ある同一の個人において見出しうることもありうる」(本書127頁)ことを忘れてはならない。ユングが強調したように、「真に心理学的な診断は、治療が終結した時にのみ明らかになる」(CW 16 § 197)のである。

　最後に、心理療法の本質という意味では最も大切なことかもしれないが、われわれがよくよく弁えねばならないのは、「治療とは、われわれの概念、観念、教義、理想、われわれの意識の治療であり、われわれがそれとして存在する個人の治療ではない。個人は禁忌であり、触れてはならない」(本書133頁)という点である。第5章「意識への働きかけを通した治療的な効果」のなかで列挙されている「神経症的な魂がすでに手にしているにもかかわらず、人生を生きるために自分自身の真の立脚点とすることを執拗に拒否する基本的な洞察」(本書152頁)にしても、それはあくまでも「神経症的な魂」のもつ傾向であり、心理療法において変えられるべきは、個人としてのわれわれではなく、そのような「われわれの概念、観念、教義、理想、われわれの意識」なのである。

＊＊＊

　以下は、原書では巻末に付されていた「ヴォルフガング・ギーゲリッヒによる他の英文著作」のリストに、筆者が加筆したものである。ギーゲリッヒの著作をさらに読み進めたい方は、その際の参考にしてもらいたい。

1. *The Soul's Logical Life: Towards a Rigorous Notion of Psychology*, Frankfurt am Main, et al. (Peter Lang) 1998, 5th edition revised and extended by an index, 2020.（田中康裕訳『魂の論理的生命――心理学の厳密な概念に向けて』創元社、2018年）

2. *Dialectics and Analytical Psychology: The El Capitan Canyon Seminar*, New Orleans, LA(Spring Journal Books) 2005.（David L. Miller、Greg Mogenson との共著）
3. *The Neurosis of Psychology. Primary Papers Towards a Critical Psychology.* CEP 1 (2006).
   ＊CEP: Collected English Papers of Wolfgang Giegerich の略で、数字は巻数。
4. *Technology and the Soul. From the Nuclear Bomb to the World Wide Web.* CEP 2 (2007).
5. *Soul-Violence.* CEP 3 (2008).
6. *The Soul Always Thinks.* CEP 4 (2010).
7. *What Is Soul?* New Orleans, LA (Spring Journal Books) 2012.
8. *The Flight into The Unconscious. An Analysis of C. G. Jung's Psychology Project.* CEP 5 (2013).
9. *Neurosis. The Logic of a Metaphysical Illness*, New Orleans, LA (Spring Journal Books) 2013.
10. *"Dreaming the Myth Onwards": C. G. Jung on Christianity and on Hegel. Part 2 of The Flight into The Unconscious.* CEP 6 (2013).
    ＊上記2-10は、Spring Journal Books から Routledge に版元を変え、出版販売中。
11. *Pitfalls in Comparing Buddhist and Western Psychology: A Contribution to Psychology's Self-clarification*, ISPDI Monograph Series, vol. 2, Create Space Independent Publishing Platform, 2018.（猪股剛・宮澤淳滋訳『仏教的心理学と西洋的心理学——心理学の自己明確化に向けて』創元社、2022年）
12. *The Historical Emergence of the I: Essays about one Chapter of the History of the Soul*, London, Ontario (Dusk Owl Books) 2020.
13. *Working with Dreams: Initiation into the Soul's Speaking About Itself*, London (Routledge) 2020.（猪股剛監訳『夢と共に作業する——ユングの夢解釈の実際』日本評論社、2023年）
14. *Coniunctio: Reflexions on a Key Concept of C. G. Jung's Psychology*, London, Ontario (Dusk Owl Books) 2021.
15. *Human Dignity and the Garden of Eden Story: Distinctions, Disputations, and New Insights*, London, Ontario (Dusk Owl Books) 2024.（Marco Heleno Barreto、Peter

White、Greg Mogenson との共著）

　次に翻訳の作業について述べる。本書の翻訳においては、筆者がまず全文を訳出し、京都橘大学心理臨床センター相談員（専門業務職）の長野真奈がそれをチェックし、彼女が書き込んだ訂正や提案をすべて確認した上で、筆者が最終稿を作成した。彼女の誠実で献身的な作業は、この訳業の大きな助けとなった。索引の下案も彼女の手によるものであり、ここに記して深く感謝したい。

　本書の翻訳は、原書が発刊された直後の約4年前に着手したものである。ヴォルフガング・ギーゲリッヒ博士には、今回もまた、翻訳権についての便宜をはじめ、訳稿の仕上げの過程でも筆者からの質問に応じてもらう等、様々な配慮をしていただいた。この訳書をギーゲリッヒ博士に捧げたい。

　最後になったが、本書の編集を担当してもらった創元社の柏原隆宏さんには、いつものことながら、いろいろとお世話になった。柏原さんをはじめ、この出版にかかわったすべての方々に感謝し、本書の翻訳がこれまで著作としては知られることがなかったギーゲリッヒの心理療法論についての理解の深まりと広がりに貢献できることを心から願っている。

2024年7月

田中康裕

著者略歴
ヴォルフガング・ギーゲリッヒ（Wolfgang Giegerich）

1942年生まれ。米国で独文学を教えた後、シュトゥットガルトのユング研究所で訓練を受け、ユング派分析家資格を取得。1976年にシュトゥットガルトで分析家として開業し、その後はミュンヘン近郊にオフィスを移し、現在はベルリン在住。故ジェイムズ・ヒルマンとともに元型的心理学の旗手と見なされ、エラノス会議での講演をはじめ、世界中の様々な国で講義や講演を行い、200以上に上る著作や論文は、日本語、イタリア語、ポルトガル語などを含め、数か国語に翻訳されている。

訳者略歴
田中康裕（たなか・やすひろ）

1963年生まれ。上智大学大学院文学研究科博士後期課程単位取得満期退学。博士（心理学）、ユング派分析家、臨床心理士、公認心理師。現在、京都大学大学院教育学研究科教授。専攻は臨床心理学。著書に『魂のロジック』（日本評論社）、『心理療法の未来』（創元社）、訳書に、W・ギーゲリッヒ著『魂の論理的生命』（創元社）、W・ギーゲリッヒ著（河合俊雄編著・田中康裕編）『ギーゲリッヒ夢セミナー』（創元社）などがある。

心理療法において
何が癒やすのか？

2024年10月20日　第1版第1刷発行

著　　者──ヴォルフガング・ギーゲリッヒ
訳　　者──田中康裕
発行者──矢部敬一
発行所──株式会社創元社
〈本　　社〉
〒541-0047 大阪市中央区淡路町4-3-6
TEL.06-6231-9010（代）　FAX.06-6233-3111（代）
〈東京支店〉
〒101-0051 東京都千代田区神田神保町1-2田辺ビル
TEL.03-6811-0662（代）
https://www.sogensha.co.jp/
印刷所──株式会社太洋社

©2024, Printed in Japan ISBN978-4-422-11833-8 C3011
〈検印廃止〉
落丁・乱丁のときはお取り替えいたします。

装丁・本文デザイン　長井究衡

JCOPY 〈出版者著作権管理機構 委託出版物〉
本書の無断複製は著作権法上での例外を除き禁じられています。複製される場合は、そのつど事前に、出版者著作権管理機構（電話03-5244-5088、FAX 03-5244-5089、e-mail: info@jcopy.or.jp）の許諾を得てください。